給青少年犯事者一個機會

U0118173

給青少年犯事者一個機會

社會回應的演變

崔永康 • Michael ADORJAN 著

CITY UNIVERSITY OF
HONG KONG PRESS
香港城市大學出版社

編　輯	陳明慧
實習編輯	劉家慧（香港城市大學公共政策學系三年級）
書籍設計	劉偉進　Création 城大創意製作　，ʼ

本書譯自作者的英文專著 *Responding to Youth Crime in Hong Kong: Penal Elitism, Legitimacy and Citizenship*

Authorized translation from the English language edition published by Routledge, a member of the Taylor & Francis Group. All rights reserved.
本書英文版由Taylor & Francis出版集團成員Routledge出版公司出版，並經其授權翻譯出版。版權所有，不得翻印。

國際統一書號：978-962-937-366-5

出版

香港城市大學出版社
香港九龍達之路
香港城市大學
網址：www.cityu.edu.hk/upress
電郵：upress@cityu.edu.hk

©2018 City University of Hong Kong

Responding to Youth Crime in Hong Kong:
Penal Elitism, Legitimacy and Citizenship
(in traditional Chinese characters)

ISBN: 978-962-937-366-5

Published by

City University of Hong Kong Press
Tat Chee Avenue
Kowloon, Hong Kong
Website: www.cityu.edu.hk/upress
E-mail: upress@cityu.edu.hk

Printed in Hong Kong

目錄

詳細目錄 vii

鳴謝 xi

本書圖表 xiii

第一章　　導言 1

第二章　　香港的罪案情況、政府的合法性及其管治 19

第三章　　香港青少年罪行——趨勢和現有研究 39

第四章　　躁動的時機 63

第五章　　提高最低刑責年齡 87

第六章　　復和司法在香港發展的障礙 113

第七章　　青少年與性罪行 139

第八章　　問題青少年及公民身份光譜 161

第九章　　總結 185

詳細目錄

第一章　　導言　　　　　　　　　　　　　　　　　　1

　　研究方法　　　　　　　　　　　　　　　　　3

　　資料來源與分析　　　　　　　　　　　　　4

　　本書內容架構　　　　　　　　　　　　　　10

第二章　　**香港的罪案情況、政府的合法性及其管治**　　19

　　香港——全球最安全城市之一　　　　　　20

　　維護執政合法性、加強公民身份意識：
　　香港政府的管治思維　　　　　　　　　　26

第三章　　**香港青少年罪行——趨勢和現有研究**　　　39

　　香港愈來愈多以社會工作探究青少年犯罪　　40

　　對着重紀律及福利並重做法的信心　　　　43

　　在香港推進青少年犯罪的犯罪學分析　　　53

　　小結　　　　　　　　　　　　　　　　　56

第四章　　**躁動的時機**　　　　　　　　　　　　　63

　　面對上世紀60年代的市民 (青少年) 問題　　65

　　70年代着重紀律及福利並重的出現　　　　73

　　小結　　　　　　　　　　　　　　　　　81

第五章　提高最低刑責年齡　87

最低刑事責任年齡——定義與趨勢　88

香港殖民地時代對於提高最低刑責年齡的討論　91

上世紀60年代末期動亂後對於最低刑責
年齡的討論　92

1997年回歸前有關最低刑責年齡的討論　94

後殖民地時期青少年司法制度改革
最低刑責年齡——刑罰精英主義和管治能力　99

國際主義和純真——
越漸融和的論述與政治可靠性　103

小結　106

第六章　復和司法在香港發展的障礙　113

復和司法——定義與實踐　114

香港實踐復和司法的潛在利益　119

反對在香港採用復和司法的原因　120

「少做少錯」——政府的立場　126

對「公眾不支持」的相反論據——
公眾支持和對復和司法表示樂觀的證據　129

小結　131

第七章　　**青少年與性罪行** ⎯⎯⎯⎯⎯⎯⎯⎯⎯ 139

　　青少年性罪行案例 ⎯⎯⎯⎯⎯⎯⎯⎯⎯ 142

　　香港法律改革委員會的報告 ⎯⎯⎯⎯⎯ 144

　　對「純真的概念」的挑戰？ ⎯⎯⎯⎯⎯ 147

　　效法國際青少年司法的趨勢⎯⎯
　　是否自取滅亡？ ⎯⎯⎯⎯⎯⎯⎯⎯⎯ 149

　　小結⎯⎯鼓吹採用懲罰性的做法 ⎯⎯ 152

第八章　　**問題青少年及公民身份光譜** ⎯⎯⎯ 161

　　香港的近代社會疲乏及其狀況 ⎯⎯⎯ 163

　　逃避至黑夜⎯⎯由夜總會毒品到夜青 ⎯ 166

　　政治活躍的年青人⎯⎯
　　挑戰權力同時尋求身份認同 ⎯⎯⎯⎯ 170

　　小結⎯⎯執政合法性及青年的公民身份 176

第九章　　**總結** ⎯⎯⎯⎯⎯⎯⎯⎯⎯⎯⎯⎯ 185

　　權力建構與處理青少年犯罪的政策 ⎯ 186

鳴謝

此書為英文原書*Responding to Youth Crime in Hong Kong: Penal Elitism, Legitimacy and Citizenship*的翻譯本。作者衷心感謝出版商Routledge同意並給予作者版權推出這個中文版，Routledge的幫助令到這一切得以成真。另外，這個中文版能夠得以成功，亦要感謝黃澤蒼先生、劉健先生、邱家威先生在翻譯此書時投下了大量的時間和心機。

此中文版的重要性在於其與香港之關聯性。作者希望此書能夠作為一個歷史記錄，尤其是探討60年代的六七暴動至2012年的國民教育事件期間，香港社會和政府對不同年代的青少年罪行的回應和處理手法。其主旨與香港息息相關，因此，作者希望以中文編寫的版本能讓更多香港的讀者接觸其議題及相關論述。

在閱讀此中文版時，需要留意有一些事項。中文版的內容幾乎完全根據英文原書的一字一句翻譯，包括其研究訪問、文獻的引文、理論和學術的用語，並盡量根據兩大原則來翻譯。第一，翻譯盡量保留英文原文的意思和結構；第二，內容盡量以清晰易明的文字表達。由於書中有一些引文，如政府文件，本來已經有相關的正式中文翻譯版本，所以這些部分並沒有被翻譯，而是由其正式中文翻譯版本代替。讀者可根據附屬着該引文的括號分辨。括號內是中文名字的為正式中文翻譯版本，例如：（香港政府 1973）；括號內是英文名字的則是根據英文原文翻譯而成，例如：（Gray 1991）。由於此書幾乎所有字句都是由英文原文翻譯而成，所以若內文有令人覺得難以理解之處，還望各位讀者見諒。讀者亦可以翻讀英文原書，以了解其最原本的意思。另外，一部分原書中提及的政府統計數字在本書已被更新至現有的最新數字（以2017年年終計）。數字更新與否對本書內容影響並不明顯，此舉的目的只為讓讀者能在閱讀本書時有最新的數據參考。

本書圖表

表

1.1　訪問的受訪者 ——————————————————— 7

圖

2.1　1990年至2016年間的兇殺案數字 ——————————— 21

2.2　1991年至2016年間整體罪案率vs.青少年罪案率
　　（每十萬人口計的罪案）———————————————— 21

2.3　2000年至2015年間國際城市整體罪案率
　　（每十萬人口所犯的罪案數目）———————————— 22

2.4　1997年至2017年間市民對香港特別行政區政府的
　　滿意度（按月計）———————————————————— 29

3.1　2002年至2014年間被判進勞教中心的
　　青少年數目 ————————————————————— 48

3.2　1989年至2016年間每十萬個青少年中被捕人數 ———— 50

3.3　1989年至2014年間青少年接受過警司警誡計劃後的
　　重犯率 ——————————————————————— 51

4.1　1962年至1979年間因妨礙公安罪行
　　（against public order）被起訴人數 —————————— 68

5.1　香港的最低刑事責任年齡——重要事件 ——————— 93

8.1　1996年至2016年間本港失業率（佔人口百分比）——— 165

8.2　2003年至2016年間21歲以下人士干犯
　　嚴重毒品罪行數字 ————————————————— 167

1

導言

傳統青少年犯罪研究主要以英、美等
西方國家為研究對象，本書希望透過香港
青少年犯罪研究，提供一個全新的比較犯
罪學理論及實證分析。透過研究殖民地時
期與回歸後政府官員對青少年犯罪的回
應，可以看到政策不單針對青少年本身的
行為，還有樹立權威的作用。

　　傳統青少年犯罪研究的主要對象為西方國家，如英美兩國，本書希望透過香港青少年犯罪研究提供一個與主流不同的比較。有關香港青少年犯罪的成因和應對政策中的意涵研究，除針對近年的青少年性罪行議題或者復和司法（Restorative Justice）的提倡外，研究成果相信亦可應用於研究東南亞地區的青少年犯罪，並提供一個全新的比較犯罪學理論及實證分析。透過研究殖民地時期與回歸後政府官員對青少年犯罪的回應，我們可以看到政策不單針對青少年本身的行為，還有樹立權威的作用，以加強市民的身份認同並凝聚社會。除此之外，本書的研究更發現香港獨特的處境和歷史，使其展現了與西方截然不同的青少年犯罪「故事」（見第四章），並且提供了一個機會，在傳統西方文化和民主框架之外建立一個全新的比較犯罪學理論（Aas 2012）。

　　香港的地緣政治（Geo-political）與其他西方國家不同，這獨特性正好解釋了為甚麼香港仍相信罪犯，特別是青少年犯事者能夠更生（Rehabilitative Ideal）（Allen 1981; Gray 1994）。很多時候，青少年罪犯都被視為值得拯救的受害者，即使是那些曾犯下極為嚴重罪行的青少年；政府報告也不斷指出本港青少年罪行的數字和情況均受控。事實亦證明香港市民對警隊和懲教機構信心極大，相信它們能夠令犯事者改過自新並重新融入社會（Broadhurst *et al.* 2010; Chui 1999; Dijk *et al.* 2007: 19, 141–2; Jones & Vagg 2007）。這「犯罪文化」（Crime Culture），與上世紀 70 年代犯罪率高企和警隊貪污嚴重的香港相映成趣（Jones & Vagg 2007）。事實上，時下對青少年犯罪看法的趨勢，根本是上世紀 70 和 80 年代殖民地政府加強社會凝聚力及競爭力的政策延伸（見第四章）。

　　以往的政策主要以加強社會凝聚力及建立公民身份認同為目標，今日的香港社會仍深受其影響；因而一般市民均沒有因害怕青少年犯罪對社會凝聚力構成負面、甚至失範（Anomie）的影響而出現道德恐慌（Moral Panic）。再者，政府針對青少年犯罪的回應不只是希望控制犯罪行為，更希望青少年能夠從中建構對自身身份的安全感，而不致於脫序（Giddens 1991；見第三章）。過去 40 年，這

些按政府利益（State Interest）調整的政策，在塑造香港人的公民身份時扮演着一個重要的角色。政策的制定方向最初並不是針對任意妄為的青少年所面對的問題，從而幫助他們重投社會，而是改造他們成為有價值的香港公民。透過研究社會如何對待這些任意妄為的青少年，我們可以突顯香港自身的歷史和現今概況。

研究方法

香港大部分有關青少年犯罪的研究都是關於犯罪的性質、範圍和嚴重程度；這些研究多是以問卷形式收集數據的實證研究，也有少數有關司法系統可能助長青少年反叛行為的具批判性的研究。然而，當下的研究仍僅止於指出最新的青少年犯罪趨勢，沒有一個持續性的研究有系統地歸納和整理本地過去和現在處理青少年犯罪的做法和系統，並嘗試擴寬犯罪學的理論空間。比較青少年司法制度（Comparative Youth Justice）時，我們不只要分析官方統計資料，還要從理論和實證研究的角度去探討不同的概念（Blumer 1954）。

Chen（2010: 214）在他的著作 *Asia as Method* 中指出：「亞洲的崛起從來不只是全球資本主義演化的產物，它亦是本土歷史潮流的表現。」我們需要緊記，「全球性」從來都存在於「本土性」之中，但會根據該社會的情況以一個新的形式重現（Bauman 1998, 2000）。是次研究會提供一個難得的機會探討香港社會如何回應青少年犯罪問題。故此，我們會對一般普遍性的犯罪學理論抱着批判性的態度，並會嘗試探討一個非主流（亦即是非西方）的犯罪學觀點（Aas 2011, 2012）。

Chen（2010）接着呼籲亞洲學者多着重亞洲區內的比較，而不是以「西方」為出發點與亞洲個案比較。Traver（2013）亦提出相同的觀點，並指出青少年司法制度的比較犯罪學研究應更加注重質性（Qualitative）上的研究，例如透過對受訪者的觀察（Observation）

和小組座談（Focus Group）收集更多值得深入分析的珍貴數據
（Geertz 1973; Fraser 2013）。我們認為，不論是全球化對整個亞洲
和西方國家青少年司法制度的影響或是本土層面上的影響，同樣
值得研究。即使同樣位處亞洲，其他國家如日本，又或與香港一樣
是特別行政區的澳門回應青少年犯罪的政策亦和香港有顯著不同
（Chan 2006; Lee & Laidler 2013）。

　　本書的犯罪學研究不單將香港的個案和西方比較，而是透過
一個更廣義的犯罪學理論去反思香港青少年犯罪和政府管治的
「全球本土化」（Glocal）進程。此次研究是自主發展的，所採用的
質性研究方法（Qualitative Methodology）希望能夠推進現今犯罪學
理論和對比分析的發展。

資料來源與分析

　　本書採用的資料和分析方法都是用以解答一個問題──政府
官員如何看待青少年犯罪問題。建基於理論和實證，我們採用了質
性研究方法，並收錄了一系列遠至殖民地時代、近至現時的有關青
少年犯罪的資料來源和觀點，包括採用了立法會的會議紀錄（當
中討論了政府應如何處理青少年犯罪問題）、非政府機構的報告、
刑事司法系統的年度報告（例如香港警務處及懲教署），亦會見了
曾參與邊緣青少年服務的警務人員、社工、法官、律師和青年人。
我們亦研究過現存有關香港青少年犯罪的文獻，包括所有相關書
本章節、經同行評審的文章及博士論文等。以上的文件都是由公開
網站、圖書館又或是香港政府檔案處取得。

立法會

　　在立法會紀錄中找到的精英對青少年犯罪的論述一定是不
完整的觀點，因為「真正的討論」（Real Debate）都在私底下進行，
公開的紀錄可能只是一些小心準備好的官方論述（Endacott 1964:

247; Miners 1994)。即使如此,我們仍希望從中研究政府官員如何看待和處理青少年犯罪問題,從而闡明香港「刑罰精英式」的管治模式。

我們從立法會公開網站(www.legco.gov.hk)查核了一系列有關青少年犯罪問題的會議紀錄,當中包括從 1933 年至 2007 年(回歸十年後)間共 239 份會議過程正式紀錄。這些紀錄包括立法會議員中文發言的英譯版本。我們亦分析了一系列相關的立法會小組委員會報告,包括保安事務委員會、內務委員會、《少年犯(修訂)條例草案》委員會及青少年司法制度小組委員會等。以上大多數報告都是探討如何修訂少年犯條例,例如90年代末有關提高刑事責任法定最低年齡和青少年司法制度運作的討論。

持分者 (Stakeholder) 報告

我們亦分析了一系列的官方報告,包括懲教署和社會福利署已公開的紀錄。這類報告大多從香港大學圖書館的特藏檔案中取得,亦有部分來自香港政府檔案處。

60 和 70 年代的報告中包括一份 1968 年政府對 60 年代社會動盪的回應報告(從政府檔案處取得)、一份 1971 年聯合國兒童基金會有關香港生活和經濟情況的報告,以及其他有關社會工作發展的報告。我們亦分析了不同的犯罪受害者調查,包括一系列由 1979 年至 2005 年名為「在香港發生的罪案及罪案事主」的政府資助調查,和 2006 年聯合國國際犯罪受害者調查(首次包括香港個案)。我們亦參考了刑事司法系統的報告,包括懲教署年報(2000–2015)和撲滅罪行委員會報告書(1989–2017),此委員會負責向政府提供有關預防和減少罪行的建議,有關報告提供了青少年犯罪趨勢的統計。香港警務處的警方統計數字(2007–2017)亦提供了本地和國際罪行的趨勢。《香港統計年刊》(2001–2017)則提供了有關失業率和相關社會指數的統計趨勢。

我們亦分析了 1960 年至 2012 年的《香港年報》。當中，我們詳細分析了年報中有「年度回顧」（Year in Review）作用的前言（直至 2001 年）和有關社會福利與公共秩序（後稱公安）的章節。上述報告為我們提供了材料去研究官員對罪行、社會秩序和政府自我形象的論述和傾向（Manning 2008: 681）。

來自刑事執法機構，例如懲教署和香港警隊的報告提供了有用且長期的青少年犯罪趨勢；政府報告提供了當權者的官方論述，而非政府機構的報告則指出了一系列其他持分者對青少年司法制度和政府執法的觀點。這些非政府機構包括香港青年協會、香港兒童權利委員會、奮進行動、童軍和香港法律改革委員會。

訪問

為了更準確論述上述的數據和報告，我們亦進行了訪問；受訪者分別來自司法、懲教和社會工作界，訪問的目的並不是要總結政府、懲教機關或是非政府機構對邊緣青少年的政策，而是就香港青少年司法制度分享了全面的親身經歷。我們在詳細研究現存文獻後才進行訪問，所以不會向受訪者詢問透過現有資料來源可以輕易找到答案的基本問題（Spector 1980）。反之，我們邀請受訪者分享他們的個人經驗和感想，從而更生動地論述現有的資料。正如 Spector（1980）在他的研究中指出，訪問的目的「在於填滿現有資料的空白位置，並勾畫出難見於文件上的個人見解和經歷」。受訪者分享了與青少年犯事者和邊緣青年直接交流的寶貴經驗。我們共做了37次訪問，採訪了36位受訪者，當中某些受訪者接受了超過一次的訪問，亦有舉行過兩個受訪者一組的訪問。表1.1總結了受訪者的資料訪問。

在保密同意書上簽名前，所有準受訪者都可以參閱訪問邀請書和就訪問與研究計劃的性質發問。訪問長度由45分鐘到2小時不等，都是半結構性（Semi-structured）的問題，由一連串的預先設定問題作引導，考慮到可能會有意料之外的回應，所以亦有臨

表1.1　訪問的受訪者

訪問次數	職位 / 組織
9	具與青少年工作經驗的註冊社工
1	具豐富的復和司法知識和以此解決青少年罪犯問題經驗的本地學者
1	香港兒童權利委員會的高級職員
10	曾處理青少年與警司警誡的警務人員（十名，其中九名已退休）
3	曾處理過青少年罪犯的執業律師（其中一人為合資格的調解員）
1	曾任職於律政司的高級檢察官
1	已退休的本地法官
1	任職於仲裁中心的仲裁員
1	立法會議員
1	已退休的懲教處職員
2	奮進行動（一間透過不同活動幫助普遍青少年和邊緣青年的非政府機構）的成員
3	參與奮進行動的青少年
3	與香港戒毒會有接觸的青少年

時的跟進問題訪問。我們採用一個立意，並且是滾雪球式的抽樣方式（Purposive, snowball sampling），即是我們本身在警方或社工團體的聯絡人會介紹更相關的人士給我們作訪問。有份參與訪問的人員包括本書兩位作者及受訓的研究助理（他們舉行了數次廣東話訪問，隨後翻譯成英文）。大多數訪問都是在受訪者的辦公室（或Play Spaces）進行，有少數則是在首作者的辦公室舉行。為確保內容準確，我們得到受訪者同意後為所有訪問進行錄音。訪問謄本保留了發言的語言特質，包括停頓（由訪問內容中的「……」代表），"um"、"ah"、"so"、"you know"。若然訪問是用廣東話進行並隨後翻譯成英文，謄本則會保留對話的逐字紀錄，並保留文法上的錯誤（例如錯誤地使用動詞等）。收錄在此書中的對話則經過最低限度的修改，旨在改正英文文法錯誤同時保留對話的內容和語境。

數據分析

我們在開始分析時沒有以任何社會學理論來定義訪問所得的資料（Data），而是採用了歸納和比較的分析方法（Strauss & Corbin 1990; Berg 2004: 278）。我們亦採用了 NVivo 軟件去分析立法會會議紀錄和訪問數據。「開放性的探究」（Widely Open Inquiry）的起始階段包括數據的「開放性編碼」（Opening Coding）（Berg 2004: 278），亦採納了 Strauss 有關「相信所有事物同時質疑任何事物」（Believe in Everything and Believe Nothing）的分析建議（Strauss 1987: 28）。這建議在進行質性比較犯罪學理論研究時很具前瞻性。

我們採用了 Altheide 的質性文獻分析（Qualitative Document Analysis）方法並應用在分析立法會會議紀錄，此方法着重於反思的分析（Reflexive Analysis），即不斷探究與對比會議紀錄內容（Altheide 1987, 1996）。我們更在特定主題上應用了 Altheide 的「雙環分析」（Double Loop of Analysis），找出所有與任何相關主題有關的會議紀錄（Altheide 1996: 53）。我們透過地毯式抽樣方法（Saturation Sampling）在立法會網頁上抽取了所有相關的立法會紀錄，並運用不同的起始搜尋字眼例如 "juvenile"、"delinquen"、"crime"、"offender"、"youth"、"young"、"Confuci" 等[1]。隨着分析進行，我們亦得到更多相關搜尋字眼（Berg 2004: 279; Altheide 1996: 80），某些原有的搜尋字眼則會被更相關的新字眼取代。這些新字眼包括 "resources"、"glocalization"、"moral panic"、"family"、"education"、"disciplinary welfare system"、"protection"、"conditional citizenship"、"drugs" 和 "triad" 等。這些字眼的搜尋結果則為我們提供更多更精準的字眼。例如搜尋 "formality" 後，我們發現 "corporal punishment" 和 "immigration"

---

1. 某些字眼的搜尋可以引導我們同時搜尋到多個其後綴的結果。例如 "delinquen" 的搜尋可以包含 "delinquency"、"delinquent" 和 "delinquents" 的搜尋結果。

的主題；搜尋"informality"後，我們發現"child saving"的主題；
而搜尋"moral panic"後，我們則發現"diffusion"、"diffusion
statistics"、"panic"、"panic statistics"的主題（當中前者在立法會
紀錄中明顯出現更多）。

我們亦透過使用NVivo軟件找出這些主題的模式（Pattern）。
是次研究中使用到的立法會文件（由立法會網站中以PDF和Word
格式抽取）已全部載入NVivo處理，並以文件的日期標記（由最早
的「1930.10.02」到最近的「2007.6.8」）。這讓我們可進行時序分析
（Time Series Queries），從而得知隨着時間過去，立法會在哪些議
題上會關注到青少年犯罪。將上述的搜尋字眼載入NVivo的時序
分析則令我們發現更多研究的主題。

在進行數據探勘和不同主題初始形成的同時，我們亦開展訪
問環節。訪問重點在於收集經常接觸青少年罪犯和邊緣青年的前
線人員的個人經驗和感想。一些在相關組織中輔導邊緣青年的青
年人亦有參與訪問。我們先將用廣東話進行的訪問翻譯成英文，
然後進行逐字紀錄，並將所有訪問謄本載入NVivo以作分析。我們
將最初的數據命名為"nvivo"，而沒有給予與特定主題有關的名
稱。例如某位警務人員或會指出某個特定的計劃有效或無效，我們
則照樣紀錄。若然有其他警務人員表達相同的意見，這觀點則會
被NVivo紀錄在「現存的數據點上」（at existing nodes）。我們因
而能夠偵查出在個別受訪者和所有受訪者中最明顯的觀點。我們
亦將受訪者分為與社會工作者、警務人員、懲教署人員或非政府機
構人員有關，以保留他們之間的獨特性。隨着收集到的數據愈來愈
多，我們亦發現不同的數據模式，例如警務人員和懲教署人員表
達了相當類似的觀點。隨着對數據進行分析，我們可以分辨出不同
的數據模式來自哪一類受訪者，例如我們可以從訪問內容中輕易
分辨出所有警員和懲教人員。

此書中的研究並沒有特別着重某一類資料來源。我們相信知
識是經過詳細思考所有文獻和訪問資料後才形成的。我們的目標

是帶出香港「刑罰精英式」的管治如何回應青少年犯罪，並論述它的歷史來源和當代形象。

有關作者和研究方法

本書作者分別是在香港生活和工作的加拿大學者Michael Adorjan和在青少年犯罪研究上有豐富經驗的香港學者崔永康（Eric）。Adorjan先生對香港青少年犯罪研究的興趣，源於他的博士論文中（Adorjan 2009）需要從一個社會建構角度（Social Constructionist Framework）（Best 2008; Loseke 1999; Spector & Kitsuse 1977）[2]，去比較加拿大的青少年犯罪的爭議和政策。崔博士的研究則是從社會工作的角度進行量性和質性研究（Chui 2005; Chui & Chan 2012）。甫從在港籌備本書時，兩位作者已認為不能夠只側重實證角度去論述香港本土的青少年犯罪情況，而是要探討背後更加廣闊的理論問題。鑑於兩位作者對香港有不同程度的認知，他們不同的背景令研究可以容納不同的觀點和知識，從而希望探討除青少年犯罪外，亦進一步探究和比較亞洲內外的犯罪學研究。

本書內容架構

對香港殖民地時代及回歸後不同的青少年議題，如刑事責任最低年齡、復和司法或青少年性罪行感興趣的讀者，本書的結構會有助他們直接找到相應的章節。理想來說，我們希望讀者順序閱讀，因為在較前的章節中認知歷史事件對在較後章節中了解現今狀況有莫大裨益。

---

2. 這是指美國式的對社會建構主義的看法，即在對社會問題的討論中，分析不同持分者如政策制定者、政客、記者、非政府機構人員及基層社運人士等如何辯論、界定和回應社會問題。這看法的重點不在於可量度和客觀的分析，而是在於討論中如何界定及回應問題人士（problem people）和問題環境（problem condition）。

　　緊接導言，第二章會提供香港犯罪趨勢、政治及文化背景的概觀，對香港作為中華人民共和國特別行政區這一獨特地位不甚熟悉的讀者會有極大幫助。儘管香港的暴力罪案數字和公眾對罪案的恐慌相當低，殖民地時期或是回歸後的政府仍不時面臨民間對其執政合法性（Political Legitimacy）的挑戰，尤其近年中港矛盾日益嚴重，市民亦十分關注香港是否逐漸「內地化」（Mainlandization），這都對政府執政增加了一定的難度。本章會引證在這些因素的影響下，現今政府維持對青少年犯罪的合理回應會是一個有效的政治策略。

　　第三章集中討論從社會工作學及犯罪學角度研究香港青少年犯罪的文獻，勾畫出青少年犯罪的整體趨勢，並會講述本港司法系統中處理青少年犯事者所用的「着重紀律及福利並重」（Disciplinary Welfare）的手法（Gray 1991）。我們認為現有的極大部分文獻只是從社會工作或社會學的實證角度出發，雖然不失研究價值，但就未能從中得出一個可回應廣泛青少年罪行問題的犯罪學理論。在此章節中，我們會對香港的管治模式實為「刑罰精英式」（Penal Elitist）這一論點作初步論述，並會講述受此概念影響的香港社會對青少年犯罪會作出怎樣的回應。本章亦會以英國和威爾斯的自由精英主義（Liberal Elitist）和現今西方社會流行的刑罰民粹主義（Penal Populism），與刑罰精英主義（Penal Elitism）作出比較。

　　第四章講述 1960 年代的社會衝突，以及 1970 和 80 年代社會對此的回應。1960 年代後期香港大部分人口為青少年，而參與暴動的亦大多數是青少年，因此當時對青少年犯罪的政策回應不只關注青少年的發展，更着重建立他們對香港人的身份認同及社會凝聚力。我們特別指出，當時的政府官員對將於 1997 年進行的香港主權移交已經十分重視，同時指出在 1970 和 80 年代所制定的政策都是為穩定社會和為殖民地政府取得執政的合法性。在 1970 年代，以「着重紀律及福利並重」的方法來處理青少年罪行，從撲滅罪行和協助更生的角度均被視為成功。它同時讓執政合法性日益

下降的殖民地政府，以高效的司法系統去論證政策的成效，並且用以維持統治（見第二章）。長遠來說，這些政策形成了現今社會對協助青少年犯事者更生的重視。

緊接的章節會聚焦回歸後香港社會就不同議題的討論。讀者會看到香港仍維持刑罰精英式的管治。由於政府相信現行的司法系統和罪案控制仍然行之有效，改變青少年司法制度的建議多會被視為改變政權現狀而不予採納。我們會在第五章探討刑事責任最低年齡的爭辯，並於第六章討論在本地司法系統中採用復和司法的建議。

在第五章，我們先看到儘管本港在1970和80年代已就有關刑事責任最低年齡開展辯論，政府在1999年才就有關事宜進行公眾諮詢，直至2003年才正式修改法律，將刑事責任最低年齡由7歲提高到10歲。這些爭辯全都在香港面臨轉變、動盪不安的時期中進行。1984年中英兩國簽訂《中英聯合聲明》，確立英方將於1997年歸還香港給中國後，香港社會對未來開始出現信心危機，甚至質疑政府的執政合法性（Scott 1989）。1989年6月4日中央政府鎮壓天安門學生運動後，香港社會對前途更是日趨不安。種種因素下，我們認為與刑罰精英主義彷彿背道而馳的1997年刑事責任最低年齡公眾諮詢，其實對剛於回歸後成立的香港特別行政區政府裨益甚大，一來這能夠與國際主流做法接軌，二來能表現出香港政府決心在共產黨統治的中國提議的「一國兩制」之下維持香港的法治。儘管不少持分者爭取進一步提高刑事責任最低年齡，但是政府仍然採用一個較保守的方案，即是只將年齡由7歲提高到10歲。方案通過之後，政府答應在再次修改前審視是次修改的成效，並且會在青少年司法制度中推出不同措施處理青少年犯事者，如家庭小組會議（Family Group Conferences）。

可是，政府至今從未就修改刑事責任最低年齡的效果進行任何審視。儘管家庭小組會議在21世紀初實施，但就被納入正式的青少年司法制度內，其他有關復和司法的提議亦在短暫討論後遭

政府否決。本書第六章會細研復和司法為何在本地司法系統中毫無發展亦不佔一席位。我們除了以受害者角度及其對香港文化的衝擊為切入點，更會從社會日益擔心內地化的思維去檢視上述問題。本章亦會展示政府如何透過主動建構而非諮詢社會意見，去讓社會大眾認同政府的觀點：司法系統應以較「強硬」的態度對待青少年犯事者，而不是運用復和司法等其他較「軟」的方法。我們還會提供證據，證明在社會各領域中支持運用復和司法的人屬大多數。因此，在這個抗拒改變現行「證實」有效系統、維持現狀（Status quo-ism）的氛圍之下，回歸早期就司法制度改革進行的公眾諮詢可視為一次例外。

　　第七章中，我們會審視近年社會對青少年性罪行的反應及態度，並再次論證政府會主動塑造社會意見，將強硬懲戒青少年性罪犯假設為社會大眾的共識。我們會審視 2010 年法律改革委員會主張廢除當時法律中假定 14 歲以下的青少年沒有能力或者主觀意願去犯上性罪行的建議。過程中，我們看到政府在沒有公開諮詢的情況之下很快地接受建議，並根據委員會報告修改了法律。這一章節會探討引致委員會報告出現和法律修改的原因，以及反對修法的聲音。在此，政府再次假設公眾會一致地視青少年性罪犯為加害者（Victimizers），而不是受害者（Victims），並且希望公眾認同政府採取更強硬的姿態和做法。但長久以來，司法系統對青少年犯事者都是採取積極協助其更生的態度，因此我們認為政府的做法損害了司法系統的一貫立場。而且如此短視的懲罰政策只能回應青少年犯罪問題的表面，忽略了更深層的成因，如邊緣青年本身因其社會及心理需要被忽略，可視為或成為社會內廣義的受害者。

　　最後，第八章會從不同角度探討青少年與其公民身份光譜（Spectrum of Citizenship）的問題，以及政府對於不同青少年問題的回應，如處於社會邊緣的「夜青」（Youth Night Drifters）和濫藥青年，以及近年組織政治運動、不時挑戰政府權威、活躍於政治的八十後和九十後青少年。這些青少年不斷就現今香港動盪不安的社會所帶來的生活壓力給予不同回應，尤其活躍於政治的青少年更

直接挑戰管治已久的刑罰精英式政府。諷刺的是,在政府過去致力透過不同方法去建構香港青少年的身份認同後,反而造就出這群具有強烈身份認同但對抗政府的年輕人;他們認為政府背棄人民和自由,才組織及發起抵抗。

參考資料

Aas, K. (2011). "Visions of Global Control: Cosmopolitan Aspirations in a World of Friction," in M. Bosworth and C. Hoyle (eds) *What is Criminology*. Oxford: Oxford University Press, pp. 406–19.

—— (2012). "'The Earth is One but the World is Not': Criminological Theory and its Geopolitical Divisions," *Theoretical Criminology 16*(1): 5–20.

Adorjan, M. (2009). Discord and Ambiguity Within Youth Crime and Justice Debates, Doctor of Philosophy, McMaster University.

Allen, F. (1981). *The Decline of the Rehabilitative Ideal: Penal Policy and Social Purpose*. New Haven: Yale University Press.

Altheide, D. (1987). "Reflections: Ethnographic Content Analysis," *Qualitative Sociology 10*(1): 65–77.

—— (1996). *Qualitative Media Analysis*. London: Sage.

Bauman, Z. (1998). "On Glocalization: Or Globalization for Some, Localization for Others," *Thesis Eleven 54*(1): 37–49.

—— (2000). *Liquid Modernity*. Cambridge: Polity.

Berg, B. (2004). *Qualitative Research Methods for the Social Sciences*. Long Beach: Pearson.

Best, J. (2008). *Social Problems*. New York: W.W. Norton & Company.

Blumer, H. (1954). "What is Wrong with Social Theory?" *American Sociological Review 19*(1): 3–10.

Broadhurst, R., Bacon-Shone, J., Bouhours, B., Wa, L. K. and Zhong, L. (2010). *Hong Kong United Nations International Crime Victim Survey: Final Report of the 2006 Hong Kong UNICVS*. Hong Kong and Canberra: University of Hong Kong and Australian National University.

Chan, P. (2006). "The Juvenile Justice System in Macao: The Portuguese Tradition in the Chinese Context," in P. Friday and X. Ren (eds) *Delinquency and Juvenile Justice Systems in the Non-western World*. Monsey, NY: Criminal Justice Press, pp. 71–82.

Chen, K.-H. (2010). *Asia as Method: Toward Deimperialization*. London: Duke University Press.

Chui, W. H. (1999). "Residential Treatment Programs for Young Offenders in Hong Kong: A Report," *International Journal of Offender Therapy and Comparative Criminology 43*(3): 308–21.

—— (2005). "Detention Center in Hong Kong: A Young Offender's Narrative," *Journal of Offender Rehabilitation 41*(1): 67–84.

Chui, W. H. and Chan, H. C. O. (2012). "An Empirical Investigation of Social Bonds and Juvenile Delinquency in Hong Kong," *Child and Youth Care Forum 41*(4): 371–86.

Dijk, J. V., Kesteren, J. V. and Smit, P. (2007). *Criminal Victimisation in International Perspective: Key Findings from the 2004–5 ICVS and EU ICS.* The Hague: Boom Legal Publishers.

Endacott, G. (1964). *Government and People in Hong Kong 1841–1962: A Constitutional History.* Hong Kong: Hong Kong University Press.

Fraser, A. (2013). "Ethnography at the Periphery: Redrawing the Borders of Criminology's World-map," *Theoretical Criminology 17*(2): 251–60.

Geertz, C. (1973). *The Interpretation of Cultures.* New York: Basic Books.

Giddens, A. (1991). *Modernity and Self-Identity: Self and Society in the Late Modern Age.* Stanford: Stanford University Press.

Gray, P. (1991). "Juvenile Crime and Disciplinary Welfare," in H. Traver and J. Vagg (eds) *Crime and Justice in Hong Kong.* Oxford: Oxford University Press, pp. 25–41.

—— (1994). *Inside the Hong Kong Juvenile Court: The Decision-Making Process in Action.* Hong Kong: Department of Social Work and Social Administration, University of Hong Kong.

Jones, C. and Vagg, J. (2007). *Criminal Justice in Hong Kong.* New York: Routledge-Cavendish.

Lee, M. and Laidler, K.J. (2013). "Doing Criminology from the Periphery: Crime and Punishment in Asia," *Theoretical Criminology 17*(2): 141–57.

Loseke, D. (1999). *Thinking about Social Problems.* New York: Aldine de Gruyter.

Manning, P. (2008). "Goffman on Organizations," *Organization Studies*: 29(5): 677–99.

Miners, N. (1994). "The Transformation of the Hong Kong Legislative Council 1970–94: From Consensus to Confrontation," *Asian Journal of Public Administration 16(2)*: 224–48.

Scott, I. (1989). *Political Change and the Crisis of Legitimacy in Hong Kong.*Honolulu: University of Hawaii Press.

Spector, M. (1980). "Learning to Study Public Figures," in W. B. Shaffir, R. A. Stebbins and A. Turowetz (eds) *Fieldwork Experience: Qualitative Approaches to Social Research.* New York: St Martin's Press, pp. 98–109.

Spector, M. and Kitsuse, J. I. (1977). *Constructing Social Problems.* Menlo Park: Cummings Publishing Company.

Strauss, A. (1987). *Qualitative Analysis for Social Scientists.* New York: Cambridge University Press.

Strauss, A. and Corbin, J. (199). *Basics of Qualitative Research: Grounded Theory Procedures and Techniques*. Newbury Park, CA: Sage.

Traver, M. (2013). "Comparing Juvenile Justice Systems: Towards a Qualitative Research Project in East Asia," *Asian Journal of Criminology 8*(2): 115–28.

2

香港的罪案情況、
政府的合法性及其管治

本章勾畫出香港犯罪趨勢的概況以
及其政治和文化背景，並就香港在殖民地
時期和回歸後政府的執政合法性以及公民
身份的意識作出論述，有助了解青少年犯
罪趨勢的回應。

香港——全球最安全城市之一

香港擁有全球最安全城市之一的美譽乃實至名歸。作為一個僅426平方英里大的中華人民共和國特別行政區，香港有超過700萬人口，這地少人多的特質衝擊了不少犯罪學家的固有認知，令他們對這城市的犯罪趨勢及對罪案的回應感到驚訝。香港是世界上暴力罪案率最低的地區之一（從1991年到2016年，每年平均實際發生57.8宗謀殺案。而在2016年，香港只發生了28宗謀殺案）（見圖2.1）[1]。如果用人均罪案率來看，上文論述的趨勢亦是十分明顯。官方統計數據指出整體罪案率在過去二十年持續下降；而在1997年回歸後數字則大致相若。本港整體罪案率在1980年代達到頂峰，然後連年下降（Broadhurst *et al.* 2007; UN-HABITAT 2007）。如果比較整體人均罪案率和青少年罪行的人均罪案率，會發現香港與其他地區一樣，主要犯罪者均為介乎16至20歲的青少年人（現今趨勢將在較後的章節闡述）。相較之下，介乎於最低刑責年齡（2003年從7歲提高到10歲）到15歲的青少年罪案率，始終保持在較低的水平。1991年至2016年間，平均每年每10萬名市民中有1,166.6宗犯罪案件。同時，每10萬名16到20歲的青少年中有1,328.5宗案件，而每10萬個7歲（或10歲）到15歲的青少年中則有778.9宗案件（見圖2.2）[2]。

廣義來說，香港的人均整體罪案率在七個國際都市中排行第二低（見圖2.3），僅比新加坡為高。而根據香港警方的報告，倫敦和巴黎這兩個歐洲城市整體犯罪率最高。這些國際都市／地區的平均人均整體罪案率（每10萬人計），由低至高分別是：新加坡

---

1. 數字從香港警務處警方統計數字和撲滅罪行委員會報告書中獲取。見 www.police.gov.hk/ppp_en/09_statistics/ 和 www.sb.gov.hk/eng/pub/index.htm。1990年至1997年（即香港回歸該年）的謀殺案平均數字（96.4）比1998年至2011年的（44.6）更高。

2. 官方數據視10至15歲犯事者為青少年罪犯（juvenile delinquent）（2003年前為7至15歲），16至20歲則為年青罪犯（young offender）。本書中有關青少年犯事者的討論並不特別指兩者中其中一個組別。

圖2.1　1990年至2016年間的兇殺案數字

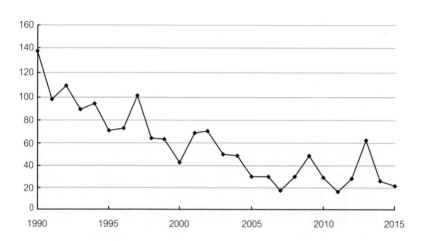

資料來源：香港警方統計數字及撲滅罪行委員會（Fight Crime Committee）年度報告

圖2.2　1991年至2016年間整體罪案率vs.青少年罪案率（每十萬人口計的罪案）

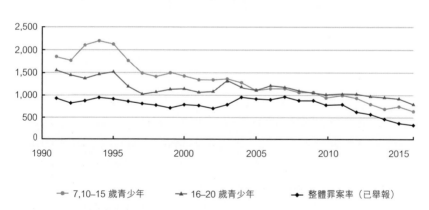

資料來源：《香港統計年刊》，政府統計處
備註：2011–2016年的數字已被湊整。

圖2.3 2000年至2015年間國際城市整體罪案率（每十萬人口所犯的罪案數目）

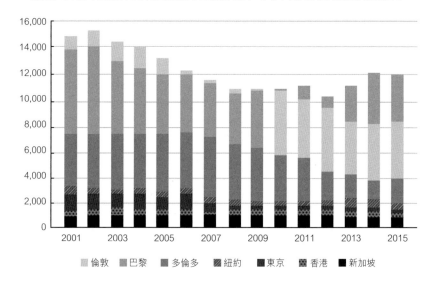

圖例：■倫敦　■巴黎　■多倫多　▨紐約　■東京　▨香港　■新加坡

資料來源：香港警方統計數字

（688.8）、香港（1,101.8）、東京（1,895.8）、紐約（2,527.9）、多倫多（6,262.5）、倫敦（11,575.2）和巴黎（11,820.4）。

　　此外，有關香港市民受害和懼怕罪案程度（Fear of Crime）的調查顯示，香港市民對警隊深具信心，對罪案恐懼程度則非常低。1979至1999年間，一系列有關香港犯罪受害率的問卷調查中，均反映出香港一直位列「已發展的國家與地區其中一個受害率最低的地方」（Broadhurst *et al.* 2007: 10, 11）。2006年的聯合國國際罪案受害者調查（United Nations International Crime Victims Survey）首次加入香港為調查對象，並且指出就「預測被搶劫的機會」（Perceived Likelihood of Being Robbed）而言，香港被評為低於國際平均水平；而就「懼怕街頭罪案」（Fear of Street Crime）而言，香港的評分則更佳。「預測被搶劫的機會」及「懼怕街頭罪案」這兩項數據可用來量度一個地方整體對罪案的恐懼，而在這些數據上，香港社會對罪案的恐懼遠遠低於其他城市。只有5.6%的受訪

香港居民對於在夜晚外出感到「有些」（A Bit）或者「非常不安」（Very Unsafe），而國際的平均值則是32%（Broadhurst *et al.* 2007: xxi）。調查又指出香港市民一直對警隊抱有很大的信心。在最近幾份政府所進行的受害者調查中，約90%受害的報案者對警隊表現感到滿意或者十分滿意（Government of Hong Kong 1995: 14; 1999: 19; 2005: 13）。或許更讓人吃驚的是，在2006年聯合國國際罪案受害者調查的33個首都或國際都市中，香港市民「對警隊服務感覺最為正面」（Broadhurst *et al.* 2010: xxi）。就防止罪案在其居住地區發生而言，大多數受訪者認為警方表現「非常好」（Very Good）（14.5%）或「挺好」（fairly good）（81.1%）。而香港大學民意研究計劃於1997年至2011年長期收集的數據亦顯示市民對警察服務相當滿意（見 http://hkupop.hku.hk/english/popexpress/hkpolice/index. html）。

　　學者及觀察員經常為這些趨勢提供不同的解釋。事實上，在整個1960年代和70年代早期，涉及香港警隊內部的罪案和貪污案件比較常見（Broadhurst *et al.* 2007）。不過在1970年代，隨着經濟急速增長，新的政策，如社會保障、公共房屋及教育等——在香港實施（見第四章）；加上1974年廉政公署成立，有系統、有效率地為打擊貪污扮演了重要的角色。現時，廉政公署針對私人企業的貪污案件較多，而涉及執法機構如警隊的相對較少（Jones & Vagg 2007; McWalters & Carver 2009）。

　　到了1980年代，上述的系統和制度已經成熟。我們訪問了一名在1980年代從英國到香港任職的警察，他對香港人的自律和守秩序感到驚訝，並且如此評價道：

> 　　當我在（上世紀）80年代來到香港的時候，最讓我驚訝的就是去到一些現在已經不復存在的公共屋邨。儘管住在裏面的人是英國人眼中的赤貧家庭……（香港人）彷彿被他們自己的活兒（和）家事煩擾着，希望自己辦事時不受干擾。然而他們還是十分有禮貌……這些人都很好，平常人盡力去生活和工作……他們渴望……在我看來，是成為中產，他們希望子女接受好的教育，

> 希望賺錢，希望提升自己的生活。而我最驚訝的是比較糟糕的生活環境並不阻礙他們追求心中所求……我經常覺得香港社會裏的人時常監督自己，他們都不希望因舉止不恰當而丟臉。
>
> （研究訪問）

香港低罪案率的另一個原因與文化有關，這文化的價值與功利家庭主義、儒家文化和親屬眾多的家庭文化（Extended Kinship）相聯繫，以及社會上廣泛支持對成年犯事者予以重的懲罰，令犯罪率相對較少（Broadhurst *et al.* 2007; Traver 2002; Vagg 1998; UN-HABITAT 2007）。就青少年罪犯而言，香港的處理手法較其他地方嚴厲。研究發現很多青少年犯事者在沒有警戒下便要就首次犯罪或者輕微罪行上庭（Gray 1994; Vagg *et al.* 1995）（下一章會有更多關於對青少年犯事者採用「着重紀律及福利並重」（Disciplinary Welfare）手法的論述）。也許由於許多香港人信守儒家價值，濫用酒精類飲品和酗酒的問題在香港並不普遍，這亦可以解釋為甚麼單純因醉酒而出現的罪案在香港較為罕見。低罪案率亦與大部分香港市民沒有擁有槍械有關（法例禁止無牌擁有槍械）。正正是如此嚴格的槍械管制法令持械搶劫案極少發生（平均每年少於五件）（Broadhurst *et al.* 2007）。上述原因催生了低罪案文化，用一名在1960年代起為香港警隊服務的退休高級警官的話來說，大部分香港人「從來沒有把犯罪看成當務之急」（Not a Preoccupation at all）（研究訪問）。這位警官對低罪案率的評論與上文那位比較香港和英國情況的警官相類似：

> 罪案對香港來説並不是一個問題……我認為人們沒有意識到不需要為罪案擔心是多麼的美好。不需要好像英國人為罪案感到困擾。你知道整件事僅僅只是一個感覺多於事實的……但他們的確（為罪案）感到困擾。
>
> （研究訪問）

總的來説，數十年以來，無論是殖民統治還是回歸後，香港的暴力罪案都維持在低水平。儘管曾有官員和犯罪學者對於1997年

前後主權移交時期有可能出現的失序和罪案率上升表示關注，但是1997年後的社會狀況沒有讓這些預測成真（Traver 2002: 230）。很多西方國家的政府與國民都認為國家的首要任務是打擊罪案（Garland 2001），但香港市民則比較關注回歸後特區政府的執政合法性。在香港大學民意研究計劃定期調查的12個國家議題中，市民最關心的是身份認同、台灣問題、六四事件和一國兩制，沒有一項與罪案或法律和秩序相關。但我們不能因此而忽略政府打擊罪案，尤其是對青少年罪案的重視，「在任何時候⋯⋯都是為了維持這個地方的穩定和繁榮」（Gray 1991: 28）。由於青少年行為可反映政府施政，香港政府為了維持和鞏固權力和執政合法性，青少年的犯罪和偏差行為會特別受到關注。

　　本章透過研究對青少年罪案的觀感和回應，探討更高層次的問題，如殖民地時期和回歸後的政府架構、政府與市民的關係，以及兩個時期的政府管治思維（Governing Mentality）。自1970年代後期起，社會普遍認為香港政府能成功遏制青少年犯罪，而這又與殖民地政府的執政合法性有關。香港回歸後，警察、社工及大型非政府機構的網絡均希望協助邊緣青年返回正途。犯罪學者亦認為，透過他們的努力，青少年犯罪很大程度上被遏制（Choi & Lo 2004: 212）。廣義來說，這種「遏制罪案」的論述把香港的身份與「繁榮穩定的成就」（Ku 2001a: 265）聯繫在一起。政府希望提升青少年的公民身份認同，尤其那些在這個極度資本主義的社會中有可能帶來經濟生產力的青少年。正如Critcher（2009: 18）尖銳地指出政府提供道德規範的目的：「政府在這方面相當有效率，其目的是重新塑造公民這個角色的意義（Remake the Citizen as a Subject），從而創造出新的主觀性（Subjectivity）。」香港政府管治的模式屬於「刑罰精英式」（下一章將進一步探討此觀點與對青少年犯罪的回應），成功遏制罪案的論述反映執政能力能維持相關的社會和經濟穩定（即青少年犯罪受控，公眾亦不必憂慮。）

維護執政合法性、加強公民身份意識：
香港政府的管治思維

殖民地政府的架構

　　了解香港殖民地政府的架構和政治環境前，要先明白一些歷史背景。在1980年代後期以前，英國以直轄殖民地（Crown Colony）的方式管治香港，意即港英政府以英式管治手法管治在這裏的中國移民（Endacott 1964: vii）。香港總督擁有在港統治的權力（權力來自倫敦政府），並擁有行政局（現稱行政會議）和定例局（後稱立法局，回歸後稱立法會）作為總督決策的諮詢機構。兩局均擁有官守議員（Ex-officio Members）（已長期服務過不同的委員會）和委任的非官守議員（Appointed Unofficial Members）（Endacott 1964; Miner 1998）。行政局裏面的官員有布政司（Colonial Secretary）、律政司（Attorney-general）和英國駐港三軍司令（Commander British Forces Overseas）等。

　　香港官員對社會秩序和罪案控制的討論多數與建議立法和修改法律有關，因此相關討論也多見於立法局。儘管香港是一個缺乏民主程序的殖民地，但是當時立法局內的辯論，包括環繞青少年犯罪的辯論之激烈程度堪比西方國會（Adorjan 2011; Maclure et al. 2003）。本書會經常使用回歸前後在立法局（回歸後稱立法會）內的辯論，指出政府採取精英主義應對青少年犯罪，及論證其刑罰精英式的過程（見第一章的研究方法）。

　　一院制的定例局在1843年成立，是本港唯一有權制定法則的機構。殖民地時期的所有立法局成員都必須是英國國民，並能操流利英語，因為所有程序都使用英文（Endacott 1964: 214）。立法局包括行政局的官守議員和非官守議員，這些非官守議員屬歐洲人和香港人社群中「有地位之人」或「社會賢達」（Men of Substance），香港殖民地政府會從這群人中小心挑選，讓他們進入立法局作為正式的民意代表（Endacott 1964: 234）。這些非官守議

員須由政府任命,但他們多數權力都不大,亦缺乏有效率的組織,他們多會在局內支持殖民地政府(Lau 1982: 27)。

在幾乎沒有自主之下,這個「親建制」和「精英化」的立法局被形容為殖民地政府的「橡皮圖章」(Rubber Stamp),權力低於殖民地行政機關(Lam & Lee 1993: 145; Yau 1997: 40)。更重要的是,立法局能為政府維持執政合法性;當中最重要的是那些沒有官職、只因效忠殖民地政府而被挑選的非官守議員,他們在立法局內的決定看似代表了民意授權(Davies 1977: 61; Lam & Lee 1993; Yau 1997)。

總督、立法局官守議員和委任非官守議員之間角色分明。非官守議員作為民意代表,負責反映市民大眾的意見,尤其是有關法律、社會秩序和犯罪情況的意見。相對一個操流利英語、與倫敦政府有聯繫的白人官守議員組成的小圈子,來自中國商賈精英社群(The Hongs)的非官守議員的精英地位實不能同日而語。前者包括總督、布政司、財政司和律政司,由這些人組成的「主要圈子」(Central Group)是治港的政治精英。直至1975年為止,82%的「主要圈子」人士是由英國外派至香港的(Davies 1977: 54)。由於非官守議員希望在殖民地中的精英間維持自己的地位,因此極少在立法程序中挑戰政府欲訂立的法規。這解釋了為甚麼本地的非官守議員會比官守議員擁有「異常一致」的看法,並且與官守議員在「制定香港的重要政策時具有基本共識」(Davies 1977: 64, 68; Miners 1994)。重要的是,Davies(1997: 71)認為:「這群精英擁有的文化跟被他們統治的人一樣,但他們只告訴群眾甚麼是最好,而不是聆聽群眾所需。」

基於上述的階級觀念,一個「討論型政府」(Government by Discussion)能夠確保公眾有被諮詢,但這做法很大程度上只是一個藉口以維持權力現狀(Endacott 1964)。在殖民地「仁慈的父權主義」(Benevolent Paternalism)(Tsang 2004: 204)時期,香港立法局制度反映出刑罰精英式的管治方式(詳見第三章)。Davies(1977:

72) 對此情況的總結合適不過:「政府向香港市民提供鞋子後才問他們是否合適。」

　　Lam 認為殖民地時期,「去政治化的公民意識」(Depoliticized Notion of Citizenship) 一詞十分流行,它「重視一個被動的公民意識。它與當時那些經濟論述,如擁有自力更生、經濟能力和能為社會作貢獻的公民質素,互相影響。簡單來說,去政治化的公民意識是一個個人化、工具性的陳述,並提倡一個表面的社群意識」(Lam 2005: 310)。

　　這系統或與政府的經濟理念和積極不干預的政策相關,即問題應留給市場解決,而不是依賴政府干預(Wong 2013: 17)。Wong (2013: 18) 認為更重要的是,這系統能「為一個因懼怕過分干預私營企業而被挑戰執政合法性的政府提供合法性。」我們會於研究中將此管治手法聯繫到對青少年罪行的回應。

回歸後執政合法性面對的挑戰

　　儘管九七回歸後,立法會 (回歸前稱立法局) 變得更民主,但這些新加入的民主成分有否大幅改變香港精英式管治的格局則成疑。在 2004 和 2008 年的立法會選舉中,70 名立法會議員中少於一半是由直選產生。在 2012 年和 2016 年的選舉中,親北京的政治人物獲得了大部分議席 (en.wikipedia.org/wiki/Legislative_Council_of_Hong_Kong,於 2018 年 4 月存取)。回歸後,行政機關依舊擁有由上而下的政策制定權,而不是立法機關 (Ma 2007: 12)。儘管立法會內的辯論依舊激烈,真正影響政策制定的決定,包括有關青少年司法制度的決定,多是閉門進行 (in camera)。再者,由香港大學民意調查計劃所做的大規模調查也顯示,市民經常不滿政府,尤其認為政府重視北京政府的觀點多於香港市民的看法 (見圖 2.4) (Ma 2007)。

　　更甚者,一些公民社會組織持續認為政府的「諮詢」實屬操控民意,而且毫無誠意 (Ma 2007: 131)。

圖2.4 1997年至2017年間市民對香港特別行政區政府的滿意度（按月計）

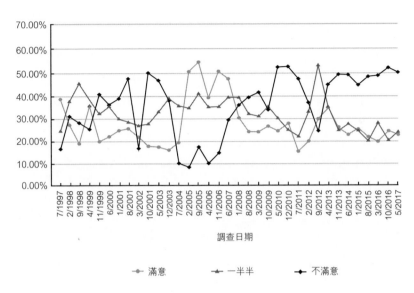

資料來源：香港大學民意調查計劃，hkupop.hku.hk/english/popexpress/sargperf/
sarg/month/sarg_month_chart.htm（於2017年12月存取）

　　一些學者認為市民對北京政府的恐懼其實源於擔憂本港日漸「內地化」。這可見於「制定政策時日漸靠攏北京政府，經濟上更加依賴內地的支持，社會上更熱愛祖國，法律上更依賴中華人民共和國全國人民代表大會對《基本法》的詮釋」（Lo 2007: 186）。

　　我們會把對青少年犯罪的回應（或欠缺回應），與這些更廣寬的政治與意識形態訴求掛鈎。總括而言，我們認為相比「中國文化」，這些政治及社會突變，在改變社會對一般罪案以及青少年犯罪的觀感和回應時，有更顯著的影響。

　　1997年主權由英國回歸北京後的十年間，香港的暴力罪案率仍然偏低，市民普遍對警隊有信心，並相對不害怕街頭罪案。但這並不代表社會沒有繼續關注青少年犯罪。和世界上其他地方一樣，青少年的犯罪和偏差行為不單讓社會關注當中特定的犯罪形式，也令人對有關何謂「兒童時期」、如何為之思想成熟，以及社會怎

樣為之有秩序發出疑問。(Goldson 2000; Goldson & Muncie 2006; Muncie & Goldson 2006; Spencer 2011)。由於大部分香港人均為中國籍(2011年的數據顯示為93.6%),加上有別於其他西方國家,香港沒有少數族裔聚居的貧民窟,所以沒有一個少數團體會被認為對香港社會秩序有威脅。因此,青少年被視為「香港唯一一個」可能影響社會秩序的「主要團體」,並需加以控制(Government of Hong Kong 2011: 37; Traver 2002: 228–29)[3]。下一章我們也會指出,香港有關青少年犯罪的文獻不時描述對青少年犯罪的「道德恐慌」(Moral Panic)(Gray 1991; Jones & Vagg 2007; Traver 2002; Cohen 2002 [1972])。

可是,儘管社會對青少年犯事和邊緣青年,尤其對濫用精神科藥物者和「夜青」(見第八章)以及黑社會(見第五章)的關注一直存在,但是公眾或官員並沒有深入探討青少年犯罪議題。這種忽視阻礙了更生理念的發展,亦沒有帶來與之相反的特別嚴厲的懲罰(Allen 1981; Muncie 2008)。雖然有關青少年犯事者的「純真概念」(Innocence Frame)在青少年被指犯上性罪行(見第七章)時受到挑戰,但有別於英國和威爾斯地區,香港依然維持着「無能力犯罪」(doli incapax)的原則——即對青少年犯事者的法律保護原則;這原則指出除非控方能成功證明,否則青少年會先被推定為沒有犯罪意圖(Muncie 1999)。

無論是在中國內地文化大革命的年代(見第四章),還是當「一國兩制」透過《基本法》於1997年後在香港實施也好,香港政府關心的只是具「地域性」(Territorial)的公民身份認同(Ku 2001a)。一國兩制的架構是鄧小平在1984年中英談判中提出的;鄧小平提出1997年後香港會作為一個特別行政區,正式成為中國

---

3. 有一點讀者需要留心。本書及後的章節中會引用到大量的政府文獻和報告,而由於政府在訂定政策時會召開內部會議商討,其中可能會包含因為種種原因需要保密的資料和消息來源,這些保密材料不便公開。因此,在閱讀及後章節時,讀者不應直接將引用政府文件的內容直接當成事實的全部。

的一部分。香港可保持它自由市場的資本主義和自由放任的政策。根據香港現行的《基本法》，中國政府保證香港的制度五十年不變；理論上，這五十年是讓中國在社會、經濟和政治層面「追上」香港。

回歸前，香港最後一任總督彭定康（Chris Patten）在1990年代推出了政制改革方案，包括在1991和1997年實行普選制度（Ma 2007: 102）。這個包括全面直選立法局（回歸後改稱立法會）的計劃並沒有受到中國政府的批准（Miners 1994: 244），更在1997年《基本法》施行後遭全盤推倒。儘管許多人有信心中央政府會履行鄧小平「港人治港」的承諾，但是 Ma（2007: 60）指出：「中國領導人從沒有計劃在1997年後透過快速且穩定的民主化歷程讓特區政府獲得執政合法性。」總督的位置被行政長官所取代，在後殖民地時期的現實政治（Realpolitik）裏，行政長官由北京政府直接委任和認可。Ma亦指出「後殖民地時期裏有兩個獲得執政權力和合法性認同的方法，一是魅力型領導，二是良好的政府管治表現」（Ma 2007: 60）。平心而論，九七回歸以後三任行政長官都缺乏個人魅力，他們因而需透過良好的政府管治表現去獲取執政合法性。近年有關香港日益「內地化」（如沒有普選、以及民間普遍認為北京政府干預香港法治、港人自由和政治權利、教育制度和本土資源分配等（Ma 2007））的論述亦使社會情勢開始升溫。

總而言之，回歸後香港政府受其「固有合法性問題」所害（Ma 2007: 222）。執政的合法性，或稱政府「統治的權力」（Right to Rule）可定義為：

> 對一個國家的合法性、發號施令之權力的信任，以致市民在服從命令時不是單單因為懼怕或者是自身利益，而是他們相信自己道義上，應該遵守這些命令。

> （Barker 1994 引自 Alagappa 1995c: 2）

面對種種對於執政合法性的挑戰，香港政府集中提倡民族主義和對中國公民的身份認同，以鞏固其統治地位（Lam 2005:

310）。例如在2012年，香港希望在學校內透過推行國民教育科（National Education）培養學生「熱愛中國的情懷」。反對推行國民教育科的示威（有些被當局認為是「不合法」的）被一群鼓勵群眾參與社會運動的「九十後」青少年推上高點，最後迫得政府要撤回方案。有說法指這讓香港政府在北京政府前「丟臉」（見第八章）。當局依然十分關注公民身份認同，但它依然只是希望群眾建立一個被動、重公民責任多於政治權利的公民身份（Lam 2005: 312）。

香港政府會利用程序上的合法性（即成功的經濟管治和一個成功的司法系統）去彌補缺乏執政合法性的問題。沒有執政合法性時，「政府統治的權力……很大程度上依賴政府的表現」（Alagappa 1995a: 21）。換句話說，在東南亞新興工業化而缺乏民主化的國家中，有效的管治能「建立道德層面上的權威」（Moral Authority）（Alagappa 1995a: 22）。這些地方的政府會以過往的成就和對未來的承諾去進一步加強它們執政的合法性。政府的表現「可以視為……一個有效的方法去建立合法性」（Alagappa 1995a: 22），特別是一些「不完整的政權」（Alagappa 1995a: 25），正如很大程度上需要北京政府認可後才可選出的香港特別行政區政府。Ku（2001b: 125）發現：「回歸以後，香港政府嘗試淡化民主政制的發展，反而認為自身的成功有賴於政府在本地、國家和國際社會中致力提升自己的政治地位。」「相似的故事」在1970年代末期出現，它把社會穩定與經濟發展互相聯繫，並「透過詭辯，將上述兩種成功形容為與非民主制度有關。」（Ku 2001b: 127）。這催生了「父權文化」（Culture of Paternalism），並在回歸之後繼續存在。

政府透過表現得到的合法性不只與經濟表現有關，還跟社會保障、福利和司法系統有關（Alagappa 1995b: 41）。我們會特別關注與司法系統有關的表現，尤其是青少年司法制度和其回應。香港自1970年代末經歷十年的急速經濟增長，期間推行了不同的社福和懲教更生政策，並且取得成效，如成功遏制青少年犯罪和建立有效的罪案防治。有趣的是，相對於單方面因應公眾關注而對青少年

罪案「有所行動」，證據顯示政府的回應更多時候是受更廣泛的政治事件影響，這不時與北京政府（以前是倫敦政府）有關。

　　本章大致地勾畫出香港政府在回歸前後於政治、社會和文化方面上的管治思維，顯示儘管香港是一個全世界最安全的城市之一，它依然要，甚或更需要依靠遏制罪案和成功的政府表現，尤其是青少年司法制度，去帶出政府「權力的道德基礎」（Scott 1989: 327）。也許應對青少年犯罪的首要目標是更生，然後在改過之後重新讓他們進入社會生活；建立青少年對社會的歸屬感和公民意識，從而加強社會秩序和社會團體的聯繫。近年來，隨着社會對於政府執政合法性的質疑日漸高漲，上述的議題更形重要。政府的回應可能建構強勁的更生動力；但更廣義來看，這些更生的方法僅僅只是一個管治策略。適當回應青少年犯事者和邊緣青年，對香港政府維持自身權力和社會控制至關重要。

參考資料

Adorjan, M. (2011). "The Lens of Victim Contests and Youth Crime Stat Wars," *Symbolic Interaction 34*(4): 550–71.

Alagappa, M. (1995a). "The Anatomy of Legitimacy," in M. Alagappa (ed.) *Political Legitimacy in Southeast Asia: The Quest for Moral Authority.* Stanford: Stanford University Press, pp. 11–30.

—— (1995b). "The Bases of Legitimacy," in M. Alagappa (ed.) *Political Legitimacy in Southeast Asia: The Quest for Moral Authority.* Stanford: Stanford University Press, pp. 31–53.

—— (1995c). "Introduction," in M. Alagappa (ed.) *Political Legitimacy in Southeast Asia: The Quest for Moral Authority.* Stanford: Stanford University Press, pp. 1–8.

Allen, F. (1981). *The Decline of the Rehabilitative Ideal: Penal Policy and Social Purpose*, New Haven: Yale University Press.

Broadhurst, R., Bacon-Shone, J., Bouthours, B., Wa, L. K. and Zhong, L. (2010). *Hong Kong United Nations International Crime Victim Survey: Final Report of the 2006 Hong Kong UNICVS.* Hong Kong and Canberra: University of Hong Kong and Australian National University.

Broadhurst, R., Chan, C. Y. and Lee, K. W. (2007). *Trends in Crime and Violence: The Case of Hong Kong.* China: United Nations.

Choi, A. and Lo, W. (2004). *Fighting Youth Crime: A Comparative Study of Two Little Dragons.* Singapore: Eastern Universities Press.

Cohen, S. (2002 [1972]). *Folk Devils and Moral Panics.* London: Routledge.

Critcher, C. (2009). "Widening the Focus: Moral Panics as Moral Regulation," *The British Journal of Criminology 49*(1): 17–34.

Davies, S. (1977). "One Brand of Politics Rekindled," *Hong Kong Law Journal 7(1)*: 44–87.

Enddacott, G. (1964). *Government and People in Hong Kong 1841–1962: A Constitutional History.* Hong Kong: Hong Kong University Press.

Garland, D. (2001). *The Culture of Control: Crime and Social Order in Contemporary Society*, Chicago: University of Chicago Press.

Goldson, B. (2000). "'Children in Need' or 'Young Offenders'? Hardening Ideology, Organizational Change and New Challenges for Social Work with Children in Trouble," *Child and Family Social Work 5*(3): 255–65.

Goldson, B. and Muncie, J. (2006). *Youth, Crime and Justice: Critical Issues.* London: Sage.

Government of Hong Kong (1989–2017). *Fight Crime Committee Annual Report.* Hong Kong: Hong Kong Government Printer.

—— (1995). *Crime and its Victims in Hong Kong in 1994: A Report on the Crime Victimisation Survey conducted in January 1995 by the Census and Statistics Department.* Hong Kong: Hong Kong Census and Statistics Department.

—— (1999). *Crime and its Victims in Hong Kong in 1998: A Report on the Crime Victimisation Survey conducted in January 1999 by the Census and Statistics Department.* Hong Kong: Hong Kong Census and Statistics Department.

—— (2001–17). *Hong Kong Annual Digest of Statistic*s. Hong Kong: Hong Kong Census and Statistics Department.

Government of Hong Kong (2007). *Crime and Its Victims in Hong Kong in 2005: A Report on the Crime Victimisation Survey conducted in January 2005 by the Census and Statistics Department.* Hong Kong: Hong Kong Census and Statistics Department, Hong Kong Government Printer.

—— (2011). *2011 Population Census: Summary Results.* Hong Kong: Hong Kong Census and Statistics Department.

Gray, P. (1991). "Juvenile Crime and Disciplinary Welfare," in H. Traver and J. Vagg (eds) *Crime and Justice in Hong Kong.* Oxford: Oxford University Press, pp. 25–41.

—— (1994). *Inside the Hong Kong Juvenile Court: The Decision-Making Process in Action.* Hong Kong: Department of Social Work and Social Administration, University of Hong Kong.

Hong Kong Police Force (2007–11). *Police in Figures Annual Report.* Hong Kong: Hong Kong Police Force.

Jones, C. and Vagg, J. (2007). *Criminal Justice in Hong Kong*, New York: Routledge-Cavendish.

Ku, A. (2001a). "Hegemonic Construction, Negotiation and Displacement: The Struggle Over Right of Abode in Hong Kong," *International Journal of Cultural Studies* *4*(3): 259–78.

—— (2001b) ."The 'Public' up Against the State: Narrative Cracks and Credibility Crisis in Postcolonial Hong Kong," *Theory, Culture & Society 18*(1): 121–44.

Lam, J. and Lee, J. (1993). *The Dynamic Political Actors in Hong Kong's Transition.* Hong Kong: Writers' and Publishers' Cooperative.

Lam, W.-M. (2005). "Depoliticization, Citizenship, and the Politics of Community in Hong Kong," *Citizenship Studies 9*(3): 309–22.

Lau S.-K. (1982). *Society and Politics in Hong Kong.* Hong Kong: The Chinese University Press.

Lo, S. (2007). "The Mainlandization and Recolonization of Hong Kong: A Triumph of Convergence over Divergence with Mainland China," in J.Y.S. Cheng (ed.) *The Hong Kong Special Administrative Region in its First Decade*, Hong Kong: City University of Hong Kong Press, pp. 179–223.

Man, N. (2007). *Political Development in Hong Kong: State, Political Society, and Civil Society*. Hong Kong: Hong Kong University Press.

Maclure, R., Campbell, K. and Dufresne, M. (2003). "Young Offender Diversion in Canada: Tensions and Contradictions of Social Policy Appropriation," *Policy Studies 24*(2/3): 135–50.

McWalters, I. and Carver, A. (2009). "Independent Commission Against Corruption," in M. Gaylord, D. Gittings and H. Traver (eds) *Introduction to Crime, Law and Justice in Hong Kong*. Hong Kong: Hong Kong University Press, pp. 91–109.

Miners, N. (1994). "The Transformation of the Hong Kong Legislative Council 1970-94: From Consensus to Confrontation," *Asian Journal of Public Administration 16*(2): 224–48.

—— (1998). *The Government and Politics of Hong Kong*. Hong Kong: Oxford University Press.

Muncie, J. (1999). "Institutionalized Intolerance: Youth Justice and the 1998 Crime and Disorder Act," *Critical Social Policy 19*(2): 147–75.

—— (2008). "The 'Punitive Turn' in Juvenile Justice: Cultures of Control and Rights Compliance in Western Europe and the USA," *Youth Justice 8*(2): 107–21.

Muncie, J. and Goldson, B. (2006). *Comparative Youth Justice*. London: Sage.

Scott, I. (1989). *Political Change and the Crisis of Legitimacy in Hong Kong*. Honolulu: University of Hawaii Press.

Spencer, J.W. (2011). *The Paradox of Youth Violence*. Boulder: Lynne Rienner Publishers.

Traver, H. (2002). "Juvenile Delinquency in Hong Kong," in J.A. Winterdyk (ed.) *Juvenile Justice Systems: International Perspectives*, 2nd edn. Toronto: Canadian Scholars' Press Inc., pp. 207–34.

Tsang, S. (2004). *A Modern History of Hong Kong*. Hong Kong: Hong Kong University Press.

UN-HABITAT (2007). Hong Kong: The World's Safest City? Nairobi: United Nations Human Settlements Program, www.unhabitat.org/downloads/docs/5204_54067_Bk%209.pdf (accessed May 2013).

Vagg, J. (1998). "Delinquency and Shame: Data from Hong Kong," *The British Journal of Criminology 38*(2): 247–64.

Vagg, J., Bacon-Shone, J., Gray, P. and Lam, D. O. (1995). *Research on the Social Causes of Juvenile Crime: Final Report.* Hong Kong: Hong Kong Government Printer.

Wong, Y. C. (2013). *Diversity and Occasional Anarchy: On Deep Economic and Social Contradictions in Hong Kong.* Hong Kong: Hong Kong University Press.

Yau, F. (1997). "Code Switching and Language Choice in the Hong Kong Legislative Council," *Journal of Multilingual and Multicultural Development 18*(1): 40–53.

3

香港青少年罪行
趨勢和現有研究

　　本章就有關香港青少年犯事者和罪
行的現有文獻進行一個系統性導覽,並會
探討應對青少年罪案所採用的「着重紀律
及福利並重」的手法,探討實證和行政層
面的社會學及社會工作學的研究,有助回
應政策制定或執行人員遇到的問題。

現有關於香港青少年犯事者和罪行的文獻顯示，除了極少數情況外，香港青少年很少會犯下暴力罪行，而最常見的是較輕微的打鬥、偷竊和與毒品，尤其是與氯胺酮（俗稱K仔）有關的罪行。此外，應對青少年罪案多採用恩威並施、講究更生結合強硬的防治罪案手法——「着重紀律及福利並重」（Disciplinary Welfare）。下文探討歷史和現有趨勢的目的，並不是為詳細記載香港的青少年司法制度發展史（Gray 1996），也不是有系統地去闡明香港青少年偏差行為的本質和範圍，反而希望透過聚焦於實證和行政層面的社會學及社會工作學的研究，藉此回應政策制定或執行人員遇到的問題，並為刑罰精英主義的架構作出定義，嘗試把應付青少年犯事者和罪案，及政府與市民的關係和相關的管治思維等更高層次的議題聯繫起來。

香港愈來愈多以社會工作探究青少年犯罪

和任何地方一樣，香港的青少年犯罪問題與香港的歷史和結構有關。我們之所以從1970年代早期開始討論，就是因為上世紀60年代末期的兩次激烈抗爭和暴動，讓政府開始關注青少年犯罪（見第四章），而學者和政府官員也是從那時起開始研究青少年的犯罪趨勢。

隨着暴力罪案日增，而且社會日漸關注上世紀70年代早期不斷增加的青少年暴力罪行，不同研究開始出現，而早期的研究對此問題的本質和範圍訂下了基礎。1971年，聯合國兒童基金會（United Nations Children's Fund, UNICEF）的一份報告指出，香港當時的人口變化迅速；1969年有57%的人口是24歲或以下（Jephcott & Chew 1971）。報告指出罪案率有上升的趨勢（從1969年至1971年上升了22.6%），而社會尤其對「暴力罪行、搶劫、持械、性侵犯和吸毒」等罪行有「較多的顧慮」。不過報告同時指出甚少青少年曾經歷司法程序（1969年16歲或以下人口中只有0.4%曾經歷法庭審訊；而

在16至24歲的人口中只有0.24%被囚禁)。除此之外,這份報告更提議政府採取「長期的罪案防治」措施而不是使用「重典」,因為香港大部分的罪行是成年男性干犯的較輕微的盜竊罪、一些較年輕的男童因惡作劇緣故而犯下偷竊罪,及多因家庭問題而犯上的對女性的性罪行。報告中對於兩性濫用藥物人數上升的「不安」趨勢表示關注,最後認為政府「應對超過一半人口的25歲或以下的青少年予以更高關注」。

1970年代的急速經濟發展,使社會工作、福利計劃和撥款得以快速增長。事實上,Chan(2002: 85)指出,社會服務「相較於其他時候,(它於1970年代的)發展是相當突出的」。相比「根據治安為上(Law and Order)」的處事方式,透過社會工作解決社會問題在當時持續具有影響力。有鑑於暴力罪案率在1970年代早期不斷上升,一份由政府撲滅罪行委員會贊助、甚具影響力的青少年罪案報告(Ng *et al.* 1974)在上世紀70年代中期發佈。報告描述青少年犯事者是受不良的社會風氣和周遭環境所剝削的受害者,而不是一群自甘墮落、無可救藥的人,並特別指出「大部分(青少年)犯事者並沒有事先計劃」。報告中指出的問題大多都不屬於犯事者所犯的罪行層面,而是他們的社會需要,如缺乏教育機會、瀕臨崩潰的家庭和朋輩關係,以及青少年與三合會(有組織罪案)的聯繫。報告指出,暴力的青少年罪犯與三合會的聯繫「相當高」。這份報告從1980年代直至今日仍不斷被引用,用以重申及加強防治青少年罪案和協助更生的重要。

上述的研究報告開創了研究香港青少年犯罪和犯事者的先河,並且為日後大量的研究奠下基礎。受上述報告研究影響,Mak(1976)的社會工作論文研究青少年輟學率和犯事率上升,並將這上升與「文化」中所產生的緊張因素(Strain),特別是學業上要達優的壓力相掛鈎,而且認為這會令輟學的青少年與其他青少年犯事者愈走愈近。接下來在1980年代,類似的研究集中討論青少年賣淫、參與黑社會和離家出走的問題(Lam 1995)。而從上世紀80年代中期開始,學術界開始認真研究香港青少年罪行(Jones

& Vagg 2007: 517–18），他們大多從社會工作的角度去檢視這一問題。從80年代至今，不同研究都指出負面的朋輩影響是導致青少年犯罪的最大誘因，而正面的在學和家庭環境則能有效防止青少年走上偏路（Chui & Chan 2012; Lau & Leung 1992; Leung 1997; Leung & Lau 1988; Man 1996; Mok 1985; Sun & Shek 2012; Davis *et al.* 2004）。上述研究報告被用於研究有效的應對模式（Chung 1999）和公共政策（Tsang 2002）。

上世紀90年代的研究更釐清了青少年罪行與香港經濟急速發展、展望成為國際都市的關係。從Cheung（1997）的研究數據中，我們可看到青少年罪行與不良的朋輩影響有很大的關係，但除此之外，青少年罪行亦與大眾媒體中的暴力及色情內容、失效的家庭教育，及教育者對青少年的負面評價有關。她並把上述種種犯罪誘因歸因於香港急速都市化、工業化和現代化。而Chan（1998）發現青少年罪行在新界的新市鎮（與中國內地相鄰）日益嚴重，但政府多關注新界的城市發展（Angus 2000）而不是日益嚴重的青少年問題。Lam（1995）認為香港急速的經濟發展和建設，會令侷促的居住環境問題惡化，並使得教育制度出現更多的不公平情況。在沒有足夠資源的情況下，草根階層更難得到平等的讀書機會。上述情況為青少年提供了一個「混亂、物質至上和心靈不富足的環境」。

這段期間，犯罪學研究的不足之處在於未有深入探究香港社會的目標和價值與青少年犯事者的關係。Jones & Vagg（2007: 525）認為：「由於經濟發展多被視為好事，研究資本主義社會中罪案產生的原因和政府機構的回應之理論並未獲廣泛關注。」現有的研究大多着眼於以現有的理論，如緊張理論（Strain Theory）或社會控制論（Social Control Theory）去描述青少年犯罪。Ngai & Cheung（2005）嘗試整合香港所有有關青少年犯罪的理論，並發現社會控制理論、社會學習論（Social Learning Theory）、緊張理論以及認知發展論（Cognitive Development Theory）的角色最為突出。值得注意的是，他們發現青少年犯事者所受的朋輩影響比先前研究所發現少，同時發現一些因挫折、疏離、較低成就和假想社會不

公所引發的緊張因素並不會使青少年更易犯事。他們認為這現象「不難理解，這些緊張因素阻止了青少年犯罪，因為它們壓抑了邊緣青年的野心。」

其他研究則針對香港青少年間日益嚴重的濫用藥物問題，尤其是精神科藥物，如俗稱K仔（Ketamine）的氯胺酮（Laidler 2005）。與一般的青少年犯罪研究一樣，針對濫藥問題的研究同樣預測，如果朋輩或家庭中曾有人濫用藥物，青少年濫藥的可能性會大大提高（Tang *et al.* 1996; Tang & Wong 1996）。儘管與其他西方地區相比依然不多，但一些香港研究找到了青少年「合理化」（Normalization）濫藥問題的原因，並提供論證基礎（Cheung 2004; Cheung & Cheung 2006）。與Ngai & Cheung（2005）的研究相似，Cheung & Tse（2008）研究社會對青少年的影響，尤其是來自朋輩的影響，並且嘗試論證內化的（Internalized）緊張因素導致人們濫用藥物。不過，研究發現由內化而產生的緊張因素實際會減少濫用藥物的情況。

總的來說，上述的早期研究為改善及增加對青少年犯罪因素的研究帶來莫大的動力。早於1974年，Ng和她的同事及後來的跟隨者開啟了一個針對邊緣青少年的大型社福計劃（Choi & Lo 2004）。這些研究大多建議研究人員繼續在實證主義的犯罪學理論（Positivist Criminological Theory）的框架中再進一步研究。儘管如此，Davis和她的共事者覺得這些研究都相對地「獨立」（Davis *et al.* 2004: 491），與其他研究極少關聯。儘管它們自身能就青少年犯罪問題的本質及範圍提供獨特見解，但卻缺乏理論基礎，難以透過回應更廣泛的問題如管治、社會控制及回應去應付青少年犯罪。

對着重紀律及福利並重做法的信心

從上世紀90年代早期開始，一些研究開始遊走於犯罪學和社會工作學兩個領域之間，並開始仔細檢視香港的青少年司法制

度。這些研究集中討論香港那更生與紀律並存的系統，並十分相信社會控制理論和阻嚇（Deterrence）的作用。在 Patricia Gray（1991, 1994）一個具權威的青少年法庭研究中，她觀察了所犯罪行的規律及法官判決的做法，讓讀者聚焦於她那稱為「着重紀律及福利並重」的系統之上。

着重紀律及福利並重系統的重要特徵是「在估量青少年的刑期時，刑罰為他們所帶來的規範效果比所犯的罪行更形重要」（Gray 1996: 311）。Gray（1994: 16）亦認為「我們的着眼點不應是罪行本身，除非它能幫助我們了解青少年與（家庭、學校和工作）的疏離以及行差踏錯的因由。」相較上世紀早期在英國和美國相當流行的刑罰福利主義（Penal Welfarism）（Garland 1985），着重紀律及福利並重的效果在於法庭會對許多青少年犯事者，尤其是第一次犯事的人採用較為嚴厲的懲罰，希望從而「拯救」他們，並協助他們重回社會。在 Gray（1994: 64）研究香港青少年法庭的判案過程中，他發現「接近77%被判入感化院的青少年過去只有一次定罪紀錄」。再者，表面上「強硬」的懲罰亦會用於相對較輕微的罪案。上世紀80年代後期和90年代前期，大部分青少年多因犯上與財產有關的罪案而遭控告；相反，涉及人身傷害的罪案則只佔9.5%（Gray 1991: 37）。另一個上世紀90年代中期所做的研究發現，有70%肇事青少年並沒有接受過任何警誡，且大多控罪輕微（Vagg *et al.* 1995）。同樣地，Lee（1989: 150）發現青少年法庭表面上受福利保護主義（Welfare Protectionism）影響，卻實行着「政府的強權及重典」，特別是針對青少年女性犯事者，儘管她們的數量從來都比男性犯事者少（Kwok 2001）[1]。

特定文化因素亦令香港傾向採取「着重紀律及福利並重」式的方法應付青少年犯罪。香港擁有「文化和種族的統一性（Homogeneity）」，強調「家庭為先」和儒家思想等價值

---

1. 一個在香港青年協會工作的督導主任指三成機構接收的青少年犯事者是女性，七成是男性，並認為「與大人的犯罪性別比例差不多，多是男性去犯罪」（研究訪問）。

（Broadhurst *et al.* 2007: 18）。這種價值觀令香港的更生過程中同時有着重紀律這一特徵，成了香港特有的懲罰形式。根據這種價值觀，偏差行為在香港往往被視為與較弱的社會鍵（Social Bond）有關，特別是青少年與家庭和學校的關係（Gray 1996: 316）。除此之外，Gray（1997: 193）認為着重紀律及福利並重式的懲罰「糅合了許多儒家的道德訓誡和規範。」儘管中華文化十分多元，但着重紀律及福利並重框架的制定很大程度與香港的儒家價值「深深植根、有情感聯繫」有關。如就道德和行為而言，人們從小已被要求尊重及順從家長，並稱之為「孝順」。可是撇開這些文化因素，香港政府會「利用」這個着重紀律及福利並重系統去獲取執政合法性和控制社會（Gray 1997: 192）。

上世紀90年代後期，Vagg（1998）就着標籤效應（Labeling）和恥感重建（Reintegrative Shaming）方面的研究，亦獲得與上述研究相似的結果（Braithwaite 1989）。他將香港人對「面子」的重視聯繫到人們對犯罪較低的忍耐程度，哪怕是由青少年參與的較輕微的偏差行為。成功的恥感（Shaming）會令人失去面子，而這一效應除了在香港社會有用外，在其他東南亞國家亦有效用。更甚者，Vagg認為「文化期望」（Cultural Expectation）令犯事者獲得嚴厲的懲罰（Vagg 1998: 259）。他寫道：「就算青少年僅是第一次犯上輕微罪行，他們亦多會被控告，而不是警誡；他們被控告的罪名大多比他們所作的嚴重；而法庭則多會判犯事者入獄」。Vagg認為這懲罰過程的主要目標是打擊犯事者的尊嚴（或者「面子」），但是如此的恥感反而導致犯事者與社會更加分離（Disintegrative），並不能讓他們重新融入（Reintegrative）社會。後續研究更發現大部分在青少年法庭出現的青少年都來自低下勞動階層（Gray 1997: 195; Vagg *et al.* 1995）[2]。

---

2. 其他從社會工作範疇出發的研究提到標籤理論時，並沒有以此去解釋社會上的互動，反而把標籤理論與差別接觸理論（Differential Association Theory）、社會控制理論和緊張理論一同視為有待檢驗的導致青少年罪行的因素（Cheung & Ng 1988, Wong 2000: 284）。

　　Gray的研究令其後的研究都相當重視對青少年犯罪者使用着重紀律及福利並重式的懲教方法。在香港，為青少年犯事者而設的教導所，是以英國於刑罰福利主義時代使用的Borstal勞教中心作藍圖興建和管理的（Fox 1998），並可利用犯事者的準無限期刑罰（Quasi-indeterminate Sentence）去為他們提供監護，從而讓他們能夠經歷品格上的轉變（Chui 1999; Chui 2001; Jones & Vagg 2007: 252; Garland 1985）。一名已退休的懲教官員就監禁模式（Borstal模式）的教導所有如此評語：

> 理論上……教導所會按他們的表現進度決定他們在教導所內要留多長時間。我們希望能在他們表現得最好時放他們出來。我們不希望制定一個假設的時間，並據此跟進他們的表現。

（研究訪問）

　　同樣地，勞教中心（Detention Center）亦被形容為以更生為目標。勞教中心可堪比短期的軍事監獄，讓在囚人士透過一段「刑期短、紀律嚴及阻嚇力大」（Short Sharp Shock）的經歷，透過高強度的體力勞動、步操、體育運動、專業訓練、輔導、團體治療活動或娛樂達至更生目標（Chui 2005: 71）。

　　香港的懲教系統普遍被認為對青少年犯事者比較「強硬」，但同時亦認為這樣的歷練能讓青少年犯事者了解犯事的後果（Choi & Lo 2004）。此做法被認為是從青少年的最佳利益出發（Gray 1996），以及是受着重紀律的懲教系統和以拯救兒童為中心的社會服務系統所影響；而後者至今依然影響如何應付青少年犯罪。這些系統可被喻為「道德探熱針」（Moral Thermometers）（Gray 1991: 35），用以校正和加強被囚青少年的公民身份意識和對香港的歸屬感。更生則仍然是重點，混合教育和專業訓練的計劃不斷地出現，希望能夠「拯救」在囚青少年。青少年犯事者在釋放前須獲得工作或者學習機會。而在釋放後，他們會被監察一至三年，以協助他們更好地重新融入社會。由此，Gray（1994: 66）認為：「香港的『更生理念』沒有逝去……（着重紀律及福利並重）的方法不是懲罰，而

是滿足青少年犯事者對社教化（Socialisation）和社會再教育（Social Re-Education）的需要。」[3] 着重紀律及福利並重的計劃包含軍訓式的步操訓練，亦包括團體的樂器練習。類似的計劃亦為不少刑事司法系統內的工作者所讚賞，認為能夠有效地向青少年犯事者灌輸道德價值。一名有30年警隊工作經驗的警員認為：

> 當我去（一座女子監獄）時，我看到了在香港監獄中所見最感人的事。我是一名蘇格蘭人，我懂玩風笛。而監獄竟然有一隊女子風笛隊。而且她們相當不錯！過程中我其實含着淚，因為我知道學習風笛是一件很困難的事。同時，看到這些年輕的中國女子，穿上蘇格蘭短裙（kilt）時……我十分震撼！這讓我就像回到家一樣……香港的懲教機關真的做得很好，可以成功地去鼓勵一群可能在囚禁前從來沒有聽過風笛的年輕女士去學習這樣的樂器，並且真的令她們十分享受。我相信這情況在英國的監獄並不常見。
>
> （研究訪問）

自從勞教中心在上世紀70年代早期開始被引入香港後（見第四章），青少年被送進勞教中心的數字急速上升。在1978年，每10萬人中有1.3個青少年罪犯被送進勞教中心。這數字在1987年內攀升到每10萬人中有9個（Gray 1994: 9）。可是，需要留意的是在過去十多年間（2002年至2014年）被送到勞教中心的主要是16至20歲的青少年，而被送入勞教中心的人數也平穩地持續下降（見圖3.1）。可見，警司警誡計劃（Police Superintendent's Discretionary Scheme, PSDS）和機構（例如香港青年協會）的社會工作計劃的成效。

---

3. 「更生理念」（Rehabilitative Ideal）是指「刑罰的基本目標應是去改變犯事者的性格、態度及行為，從而加強防止社會不欲見到的行為，同時亦能為犯事者提供福利和建立滿足感」（Allen 1981: 2）。一個社會對於更生有信心，通常亦會相信「人類的可塑性」，並且對一些進行品格發展及修正問題行為的機構有很高的信心。犯罪學家記錄了許多西方地區對更生意念喪失信心。為一直高企的暴力罪案數字，原先改變犯事者、讓他們重新融入社會的制度被強硬且精準的控制系統所取代（Feeley & Simon 1992; Garland 1996, 2001）。

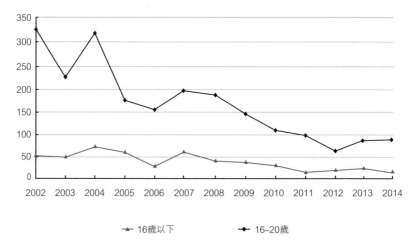

圖3.1 2002年至2014年間被判進勞教中心的青少年數目

資料來源：懲教署年報

　　儘管勞教中心會採用上述「刑期短、紀律嚴及阻嚇力大」的方法，但書中所訪問的刑事司法系統工作者大多因過去或現在的經驗，對勞教中心有着正面的評價。正如一名退休的懲教人員所説：

> 這就是為甚麼有些父母在特別的情況下，會帶他們的兒童回到、或是送橫幅或禮物去這些（勞教）中心去表達感激⋯⋯尤其是那些第一次被送進勞教中心的。這一類被囚經驗真的震撼了他們。我認為家長會不時留意到他們子女的轉變，所以他們會相信這些東西真的有用。

（研究訪問）

　　儘管如此，愈來愈多具批判性的觀察員把焦點放在更生系統中有機會出現的負面影響。例如在 Chui（1999: 317）與數名被判進勞教中心的青少年的訪問中，他們講述了在裏面「嚴峻和沒有意義」的經歷，因為設施裏面重視紀律規範多於更生意念。在相關的研究中，Chui（2005: 70）找到的結果與 Gray 的研究結果

大致相似，大部分被送進勞教中心的青少年都是 16 至 20 歲，而幾乎有92%的人先前沒有囚禁經驗。香港的勞教中心內青少年犯事者經常要接受嚴酷的步操訓練，這做法可能是受現代主義學家Benthamean的看法所啟發，他相信在這些懲教設施（如勞教中心）內能有效地透過「刑期短、紀律嚴及阻嚇力大」的方法令犯事者懺悔（Chui 1999: 309, 316）。因此，先不管更生理論，對被判囚禁或者被判進勞教中心的青少年犯事者的關注點，多會是他們是否被迫感受和灌輸被誇大的刑事罪責和罪犯身份（Beck 1963; Lemert 1951; Tannenbaum 1938）。正如 Pösö、Kitinoja 和 Kekoni（2010: 254）所述：「當我們稱某些事物為『關懷』活動時，它們就會較少被視作違反個人權利」。

儘管不少具批判性的觀察員對此有所保留，但是自上世紀70年代後期起，成功的字句不斷地在政府報告出現，在不同懲教機關和社會服務計劃就青少年犯罪的爭論而言，正面的論調亦佔一席位（殖民地時期的例子請見第四章）。時至今日，香港的懲教人員依然「對更生十分關注」，並且不認為囚禁的唯一功用是讓人喪失行動自由（Chui 2001: 274）。香港懲教署經常在年度報告中指出「儘管在西方社會，囚禁的更生理念的成效受到質疑，但懲教署仍會繼續堅持着」（Jone & Vagg 2007: 597）。在過去20年，懲教署「甚至更加努力去推廣這些更生理念，例如在罪犯更生計劃中加入更大程度的社區參與……並且去了解釋囚的需要和運用更精密的方法了解他們再犯事的比率。」

這信心全建基於勞教中心、戒毒所和其他更生中心的成功率。在現行香港條例下，任何人完成勞教中心、戒毒所或者其他更生中心的刑期後必須接受一年監察（Lo 2008）。而完成刑期後監察期的成功率相當高。在 2004 至 2006 年間曾在更生中心服刑的成年男性成功率達96%（Laidler 2009: 197）。Chui（2001: 276）根據官方統計數據，超過90% 青少年犯事者在勞教中心刑滿釋放後一年都沒有再犯事。在緊接的研究中，Chui 再次從官方的統計數據中發現勞教中心監管釋囚計劃的成功率達94%（Chui 2005: 73）。懲教署的

圖3.2 1989年至2016年間每十萬個青少年中被捕人數

— 7,10–15歲青少年　　◆ 16–20歲青少年

資料來源：香港統計年刊 2001–16，香港統計月刊1996年11月，政府統計處
備註：在2003年提高最低刑責年齡前，少年犯包括7至15歲的人士，而不只是10至15歲。

監管計劃中整體成功率大約是77%，然而整體的再犯率（本地犯事者在釋放三年內再度被判囚的比率）約有49%（Lo 2008: 244）[4]。

　　官方的統計數據亦指出過去二十多年，青少年犯罪率下降，從而引證了司法和懲教系統的成功（見圖3.2）。

　　被捕人數從1973年每10萬青少年中有973人升到1994年的最高峰——每10萬青少年中有2,203人（Wong 2000: 279），整體青少年犯罪在回歸之後已經逐漸變少（1997前幾年開始下降），這一趨勢於「較年長」的16到20歲的青少年間尤為明顯。而「較年輕」的，從最低刑事責任年齡（在2003年從7歲提升到10歲）到15歲的人中，與較年長的組群相比，他們的犯罪率一貫地低。如此的數據經常為官方報告引用，證明香港成功應付青少年犯罪、長時間保

4.　在理解這個成功率時應該留意，他們「是根據單一的指標，只計算了在法例規定的監管釋囚計劃期間有多少人再次被定罪。」（Lo 2008: 244）。

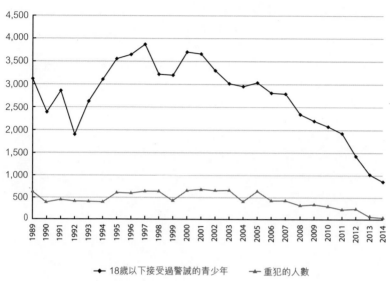

圖3.3　1989年至2014年間青少年接受過警司警誡計劃後的重犯率

—◆— 18歲以下接受過警誡的青少年　　**—▲—** 重犯的人數

資料來源：撲滅罪行委員會年度報告及警方統計數字

持低罪案率甚至有能力減少犯罪率。另一個成功原因是警司警誡計劃，一個希望減少青少年人進入正式司法系統的計劃。計劃適用於18歲以下干犯輕微罪行的青少年，「有相當的一部分」青少年並沒有被正式起訴，而是被轉介到警司警誡計劃（Wong 2000：280）。自從1989年起，接受過警司警誡計劃的青少年的重犯率相當低（見圖3.3）。

儘管學術界中仍然對罪案數據有疑問（如未有計算「黑暗數字」（Dark Figure）），此成功仍容許官員聲稱自上世紀70年代開始的着重紀律及福利並重式應對方法有效。有趣的是，社會工作研究也找到懲教系統所謂的成功的文化因素。例如 Chow（1994）發現家長的教育模式對兒童是否會犯罪沒有太大影響，犯事與否倒是兒童個人的決定。同時，他也對使用感化方法去應付青少年犯罪

很有信心。總而言之,證據顯示官員和社會(尤其是問題少年的家長),對使用着重紀律及福利並重的青少年司法制度能令青少年犯事者自我更生及重新融入社會很有信心[5]。

Gray(1996)有前瞻性地為官員所謂的成功提供了一個更廣義和批判性的看法——她將此與對更生理念逐漸失去信心的西方地區(Allen 1981)作出對比。她發現:

> 當不同的研究顯示無論是建基於福利或是懲罰原則的懲教計劃都不能防止青少年犯事者再犯事時,「回到司法系統」(back to justice)的論述在西方愈加流行。相反,香港的社會福利署和懲教署的計劃「成功率」聲稱高達70至90%,西方的論述難以支持香港的情況。
>
> (Gray 1996: 317)

重要的是,Gray並不認為這個所謂的成功的論述只是空想,她認為不能「否定」這些計劃的成功率;即使這些司法和懲教決定大多「具道德和價值考量」,並建基於「現有的意識形態」(Available Ideologies)而不是科學化的評定,「最終結果就是這些方法看似有效制止(青少年犯事者)再次犯罪。」(Gray 1994: 66)。

在香港,我們可以發現拯救兒童的意念(Child-saving Ethos)、更生的效率和社會工作計劃等,就如很多官員和報告所述般成功。但這成功是受着重紀律及福利並重式應對方法中重視控制的一方所支持,並用以提高政府的執政合法性。再考慮現有對青少年犯罪,包括從社會工作和犯罪學等不同的角度所作出的研究後,我們可以看到這個深受刑事司法系統人員支持的制度相信青少年的可塑性,並相信有懲罰理念的更生機制可以改造青少年犯事者,讓他們重新融入社會。這讓人感覺到這些問題好像已受控,沒有任何「窮凶極惡的青少年罪犯」(Juvenile Super-predators)會影響社

---

5. 與其他西方地區形成強烈對比,本地市民對於傳統的青少年司法制度的功效充滿信心,這也可能是復和司法未能在香港施行的原因之一(見第六章)。

會秩序（Bennett *et al.* 1996）；亦沒有如兒童殺害兒童這種會引起道德恐慌、並伴隨着嚴格罪案控制的案件（Green 2008; Hay 1995; King 1995）。但是我們之所以對香港應付青少年犯罪的做法感興趣並不只是她較低的罪案率，我們還有更大的問題仍待解決，例如如何去發展一個可以在歐美以外、與殖民地及非民主化歷史有所聯繫的犯罪理論。

在香港推進青少年犯罪的犯罪學分析

到目前為止，香港很大部分對青少年犯罪和犯事者的研究都是從社會學或者社會工作學的角度出發。剩下的少數會使用實證犯罪學分析，其研究大多會運用源至美國的社會控制理論作為分析框架（Jones & Vagg 2007: 5）。Wong（2000: 283）認為：「香港的犯罪學家和社會工作者很少參與犯罪學的辯論。」而犯罪學理論和其適用性的討論絕無僅有。儘管上世紀90年代曾有人試圖引入批判性犯罪學作為討論角度，如挑戰懲教系統裏成功的「主流論述」；或者嘗試揭露着重紀律及福利並重式應對方法中一些強制的做法（Gray 1997），但香港的犯罪學依然沿用實證分析，即如Burawoy（2005）稱的「政策社會學」（Policy Sociology）中提到的做法，支持着懲教機構及其計劃（即在現有的懲教制度下加強「成功」的做法，如已在進行的計劃和減少再犯率）。

在研究東南亞「新晉的工業化地區和國家」（Newly Industrialized Countries），例如香港時，犯罪學家不時會提出有發展一套新的理論方向的機會。例如Jones和Vagg（2007: 1）開始研究香港的刑事司法系統，並認為「主流犯罪學文獻中運用的理論……不可以不假思索地應用到每一個地方」，因為香港「不是『西方』的翻版」。但是很多觀察員（也許特別是英國或美國學者）經常會依樣畫葫蘆，把歐美地區發展出來的理論應用於香港，卻未有仔細探討是否適合。例如，不少觀察員會把香港歷史中的青少年

犯罪與道德恐慌扯上關係，儘管他們提到道德恐慌時多不會尋求理論聯繫或作更廣泛的比較（Gray 1991; Jones & Vagg 2007; Traver 2002）。

我們必須警惕地嘗試把現有的犯罪學理論套用到香港，因為我們沒有足夠的理據指出那些理論在這個亞細亞生產模式（Asiatic Mode of Production）的地區適用與否（Said 1994〔1978〕; Sheptycki 2008）。假定它們不適合的話會阻礙比較犯罪學的分析（Comparative Criminological Analyses），並產生Edward Said（1994〔1978〕）所說的「東方主義」（Orientalism）。東方主義所指的是一種從「西方」的角度去理解「東方」的表達模式，這是本質主義者（Essentialist）提出的「我們」與「他者」相對（"we" vs. "the Other"）的論述的一種。直到近期犯罪學家才開始關注這個問題，並發現歐美地區發展的犯罪學理論不能輕易地被應用到其他地方，如千里達（Trinidad）或「盎格魯地球北部」（Anglo Global North）以外的地區（Aas 2012; Cain 2000; Sheptycki 2008）。

香港有着特別的地緣政治（Geopolitical）歷史，這背景令社會對政府公民關係和對罪案反應產生了不同的關注。在過去三十年間，香港社會的暴力罪案率並不高。再者，基於上世紀70年代大量的社會投資（Social Investment），和遏止罪案政策的出台，香港並不像如英美兩國等有着控制文化（Culture of Control），亦沒有經歷「刑事司法系統執行者失敗、社會無力控制偏差行為」（Garland 1996: 447）的現象。然而，香港引起犯罪學家興趣的，不只是因為她避免改變罪案控制的手法，同時亦因為她在殖民地歷史下發展出獨特的政府公民關係。

有一點值得討論的是在許多地方十分流行的刑罰民粹主義。不少犯罪學文獻講述政客和決策者所制定的打擊罪案政策如何與他們的選民的意願相互影響。刑罰民粹主義包括「為了贏取選票，而不是為了減少罪案或者推展公義去制定打擊罪案的政策……在刑罰民粹主義的角度，能否獲得選票是優先於刑罰的有效性」

（Roberts *et al.* 2003: 5; Bottoms 1995）。

　　我們從香港歷史證據中論證到香港源用的是刑罰精英主義式的管治模式，而不是刑罰民粹主義。研究香港刑罰精英主義的運作不只為歐美地區提供了一個可供比較的例子，更重要的是讓其他東南亞地區，如日本得以參照，因為此等地區沿用的刑罰民粹主義式的罪案控制和處理手法，在全球化和政策日漸轉移的過程中逐漸失去光環（Fenwick 2006, 2013; Miyazawa 2008）。由於現今香港依然源用着刑罰精英主義，我們必須認真審視全球化對香港罪案控制及其過程的影響。

　　在不同層面上，香港的刑罰精英主義架構與英格蘭和威爾斯的自由精英主義時代十分相似。Ryan（1999）形容第二次世界大戰後，英格蘭威爾斯地區的刑罰政策決定和罪案控制的方法可稱為自由精英主義。類似於 Garland（1985）在 20 世紀早期提出的刑罰福利主義系統，自由精英主義着重「社會支持、更生和再融入，而不是因應公眾意見以純粹報復和懲罰的理念去懲治罪犯」Ryan（1999: 6）。Ryan 繼續寫道：

> 　　當時由一小部分男性大都市的精英分子主導。他們反映不同黨派間對刑事系統的共識，即着重社會支持和福利。大眾的意見則被有意地排除在外。只有於上世紀七八十年代，大眾的意見曾以一個相當被動的姿態呈現，被用作推動沒有廣泛的政治共識的嚴苛刑事政策。

（Ryan 1999: 1）

　　Ryan（1999）留意到這些信奉自由精英主義的官員，包括掌管刑法系統的政客「都彷彿會民主地透過國會向人民負責」。可是，當自由精英主義系統逐漸被刑罰民粹主義在不同西方國家和地區所取代時（Johnstone 2000），香港因為仍然沒有實質的普選，注定走上與他們不同的道路。香港並沒有和其他西方地區一樣的處理青少年犯罪的歷程；例如在上世紀，特別是 70 年代，西方地區逐漸從刑罰福利主義和自由精英時代轉變到受刑罰民粹主義支持

而產生的新自由主義的「控制文化」（Garland 2001; Johnstone 2000; Loader 2006）。香港卻一直源用刑罰精英主義的管治思維，本書在之後的章節會繼續探討刑罰精英主義的管治思維。

小結

　　本章嘗試把香港對青少年犯罪的回應延伸到一個更高層次的研究，即對管治、其思維和政府與公民關係的研究（Muncie 2006）。我們的目標不只是希望呈現一個表面上不同於西方的個案研究，而是嘗試開拓犯罪學的理論。這一個願景與 Aas（2012）希望在「盎格魯地球北部」的地區以外發展另一套理論不謀而合。透過研究香港對青少年犯罪的回應，有助犯罪學理論在西方國家以外的發展。

　　犯罪學家透過研究「自由精英主義」、「刑罰民粹主義」和「刑罰精英主義」作為「一個引起討論政府及公民關係的方法」（Loader 2006: 562）。此書透過一個相當有用的切入點去研究香港的政府公民關係──政府對於青少年犯罪的回應。接下來，我們不會講述香港青少年的犯罪情況，亦不會分析青少年司法程序和懲教系統，而是會聚焦在香港殖民地時期發展、至今仍在使用的獨特管治思維。香港對罪案的刑罰精英式處理手法，表明了政府就刑罰政策的公眾諮詢僅僅只是一個策略。諮詢很大程度上只是表面功夫，若意見不方便施政時會很快被忽略，如在意見不方便政府去保障社會秩序、穩定和政府管治的合法性的時候。究竟政府會否或如何回應大眾對青少年暴力罪案不斷上升的觀感、調整最低刑事責任年齡、實施復和司法計劃、對青少年性罪犯採用「更加強硬」的懲罰，或如何應對「八十後」的示威者？上述均不是單單反映青少年犯罪和犯事者的情況，亦反映了整體社會政治的考量。

參考資料

Aas, K. (2012). "'The Earth is One but the World is Not': Criminological Theory and its Geopolitical Divisions," *Theoretical Criminology 16*(1): 5–20.

Allen, F. (1981). *The Decline of the Rehabilitative Ideal: Penal Policy and Social Purpose*. New Haven: Yale University Press.

Angus, D. I. (2000). Juvenile Delinquency: A Step in the Right Direction...? Master of Social Sciences (Criminology), University of Hong Kong.

Becker, H. S. (1963). Outsiders, Toronto: Collier-Macmillan Canada Ltd.

Bennett, W., Dilulio, J. and Walters, J. P. (1996). *Body Count*. New York: Simon & Schuster.

Bottoms, A. (1995). "The Philosophy and Politics of Punishment and Sentencing," in C. Clarkson and R. Morgan (eds) *The Politics of Sentencing Reform*. Oxford: Oxford University Press, pp. 17–49.

Braithwaite, J. (1989). *Crime, Shame and Reintegration*. Cambridge: Cambridge University Press.

Broadhurst, R., Chan, C. Y. and Lee, K. W. (2007). *Trends in Crime and Violence: The Case of Hong Kong, China: United Nations, Case Study Prepared for Global Report on Human Settlements 2007*. World Cities: UN-HABITAT Survey.

Burawoy, M. (2005). "For Public Sociology," *American Sociological Review 70*(1): 4–28.

Cain, M. (2000). "Orientalism, Occidentalism and the Sociology of Crime," *The British Journal of Criminology 40*(2): 239–60.

Chan, P. L. (1998). New Town Planning and Juvenile Delinquency: A Case Study of Tuen Mun, Master of Sciences (Urban Planning), University of Hong Kong.

Chan, R. (2002). "The Struggle of Welfare Development in Hong Kong," in C. Aspalter (ed.) *Discovering the Welfare State in East Asia*. Westport, CT: Praeger, pp. 81–113.

Cheung, C. -K. and Tse, J. W. -L. (2008). "Hong Kong Children's Posited 'Vulnerability' to Social Influence on Substance Abuse," *Substance Use & Misuse 43*(11): 1532–46.

Cheung, N. and Cheung, Y. (2006). "Is Hong Kong Experiencing Normalization of Adolescent Drug Use? Some Reflections on the Normalization Thesis," *Substance Use & Misuse 41*(14): 1967–90.

Cheung, W. T. (2004). Social Capital and Individualization in the Normalization of Drug Use among Adolescents in Hong Kong. Doctor of Philosophy, The Chinese University of Hong Kong.

Cheung, Y. W. (1997). "Family, School, Peer and Media Predictors of Adolescent Deviant Behavior in Hong Kong," *Journal of Youth and Adolescence 26*(5): 569–96.

Cheung, Y. -W. and Ng, A. (1988). "Social Factors in Adolescent Deviant Behaviour in Hong Kong: An Integrated Theoretical Approach," *International Journal of Comparative and Applied Criminal Justice 12*(1-2): 27–45.

Choi, A. and Lo, W. (2004). *Fighting Youth Crime: A Comparative Study of Two Little Dragons*. Singapore: Eastern University Press.

Chow, H. W. (1994). A Study of the Attribution of Juvenile Delinquency and the Parental Treatment Style. Master of Social Work, University of Hong Kong.

Chui, W. H. (1999). "Residential Treatment Programs for Young Offenders in Hong Kong: A Report," *International Journal of Offender Therapy and Comparative Criminology 43*(3): 308–21.

—— (2001). "Theoretical Underpinnings of Community-based Sentences and Custody for Young Offenders in Hong Kong," *Hong Kong Law Journal 31*(2): 266–80.

—— (2005). "Detention Center in Hong Kong: A Young Offender's Narrative," *Journal of Offender Rehabilitation 41*(1): 67–84.

Chui, W.H. and Chan, H.C.O. (2012). "An Empirical Investigation of Social Bonds and Juvenile Delinquency in Hong Kong," *Child and Youth Care Forum 41*(4): 371–86.

Chung, M. C. L. -F. (1999). Reciprocal Interaction Analysis of Juvenile Delinquency and its Implications for Development of a New Intervention Model. Doctor of Philosophy, University of Hong Kong.

Correctional Services Department (2011–15). *Correctional Services Department Annual Report*. Hong Kong: Correctional Services Department.

Davis, C., Tang, C. and Ko, J. (2004). "The Impact of Peer, Family and School on Delinquency: A Study of At-risk Chinese Adolescents in Hong Kong," *International Social Work 47*(4): 489–502.

Feeley, M. and Simon, J. (1992). "The New Penology: Notes on the Emerging Strategy of Corrections and its Implications," *Criminology 30*(4): 449–74.

Fenwick, M. (2006). "Japan: From Child Protection to Penal Populism," in J. Muncie and B. Goldson (eds) *Comparative Youth Justice: Critical Issues*. London: Sage, pp. 146–58.

—— (2013). "'Penal Populism' and Penological Change in Contemporary Japan," *Theoretical Criminology 17*(2): 215–31.

Fox, L. (1998). *The English Prison and Borstal Systems*. London: Routledge.

Garland, D. (1985). *Punishment and Welfare: A History of Penal Strategies*. Aldershot: Gower.

—— (1996). "The Limits of the Sovereign State," *The British Journal of Criminology* *36*(4): 445–71.

—— (2001). *The Culture of Control: Crime and Social Order in Contemporary Society.* Chicago: University of Chicago Press.

Government of Hong Kong (1989–2017). *Fight Crime Committee Annual Report.* Hong Kong: Hong Kong Government Printer.

—— (November 1996). *Hong Kong Monthly Digest of Statistics.* Hong Kong: Hong Kong Census and Statistics Department.

—— (2001–17). *Hong Kong Annual Digest of Statistics.* Hong Kong: Hong Kong Census and Statistics Department.

Gray, P. (1991). "Juvenile Crime and Disciplinary Welfare," in H. Traver and J. Vagg (eds) *Crime and Justice in Hong Kong. Hong Kong*: Oxford University Press, pp. 25–41.

—— (1994). *Inside the Hong Kong Juvenile Court: The Decision-Making Process in Action.* Hong Kong: Department of Social Work and Social Administration, University of Hong Kong.

—— (1996). "The Struggle for Juvenile Justice in Hong Kong 1932–95," *Hong Kong Law Journal 26*(3): 301–20.

—— (1997). "The Emergence of the Disciplinary Welfare Sanction in Hong Kong," *The Howard Journal 36*(2): 187–208.

Green, D. (2008). "Suitable Vehicles: Framing Blame and Justice When Children Kill a Child," *Crime, Media, Culture 4*(2): 197–220.

Hay, C. (1995). "Mobilization through Interpellation: James Bulger, Juvenile Crime and the Construction of a Moral Panic," *Social & Legal Studies 4*(2): 197–223.

Hong Kong Police Force (2007–17). *Police in Figures Annual Report.* Hong Kong: Hong Kong Police Force.

Jephcott, P. and Chew, H. (1971). *The Situation of Children and Youth in Hong Kong: A Study Undertaken for UNICEF in Conjunction with the Social Welfare Department, Hong Kong, Oct. 1970–Feb. 1971.* Hong Kong: UNCEF.

Johnstone, G. (2000). "Penal Policy Making: Elitist, Populist or Participatory?" *Punishment & Society 2*(2): 161–80.

Jones, C. and Vagg, J. (2007). *Criminal Justice in Hong Kong.* New York: Routledge-Cavendish.

King, M. (1995). "The James Bulger Murder Trial: Moral Dilemmas, and Social Solutions," *The International Journal of Children's Rights 3*(2): 167–87.

Kwok, W. -K. (2001). The Future Roles of the Juvenile Court in Hong Kong. Master of Social Sciences (Criminology), University of Hong Kong.

Laidler, K. J. (2005). "The Rise of Club Drugs in a Heroin Society: The Case of Hong Kong," *Substance Use & Misuse 40*(9-10): 1257–78.

—— (2009). "Correctional Services Department," in M. Gaylord, D. Gittings and H. Traver (eds) *Introduction to Crime, Law and Justice in Hong Kong*. Hong Kong: Hong Kong University Press, pp. 185–203.

Lam, D. O. (1992). "Troubled and troublesome: Young people, urbanization and the case of Hong Kong," *International Social Work 38*(4): 325–40.

Lau, S. and Leung, K. (1992). "Self-concept, Delinquency, Relations with Parents and School and Chinese Adolescents' Perception of Personal Control," *Personality and Individual Differences 13*(5): 615–22.

Lee, M. (1989). Care and Control of Juvenile Delinquents in Hong Kong. Master of Philosophy, University of Hong Kong.

Lemert, E. (1951). *Social Pathology*. New York: McGraw-Hill.

Leung, K. and Lau, S. (1988). "Effects of Self-concept and Perceived Disapproval of Delinquent Behavior in School Children," *Journal of Youth and Adolescence 18*(4): 345–59.

Leung, Y. -W. (1997). School Extra-curricular Activities and Juvenile Delinquency: An Administrative Perspective on School Extracurricular Activities and Juvenile Delinquency in Hong Kong. Master of Education, University of Hong Kong.

Lo, T. W. (2008). "Custodial Sentences and Correctional Services," in W. H. Chui and T. W. Lo (eds) *Understanding Criminal Justice in Hong Kong*. Cullompton: Willan, pp. 224–47.

Loader, I. (2006). "Fall of the 'Platonic Guardians': Liberalism, Criminology and Political Responses to Crime in England and Wales," *The British Journal of Criminology 46*(4): 561–86.

Mak, J. (1976). School Dropout& Juvenile Delinquency: An Exploration into the Relationship between School Dropout and Juvenile Delinquency in the Hong Kong Situation; and Suggestions on Preventive Measures. Master of Social Work, University of Hong Kong.

Man, C. H. (1996). A Self-Report Study of Juvenile Crime in Hong Kong. Master of Social Sciences (Criminology), University of Hong Kong.

Miyazawa, S. (2008). "The Politics of Increasing Punitiveness and the Rising Populism in Japanese Criminal Justice Policy," *Punishment & Society 10*(1): 47–77.

Mok, B. -H. (1985). *Problem Behavior of Adolescents in Hong Kong: A Socio-cultural Perspective*. Center for Hong Kong Studies, Institute of Social Studies, Chinese University of Hong Kong.

Muncie, J. (2006). "Governing Young People: Coherence and Contradiction in Contemporary Youth Justice," *Critical Social Policy 26*(4): 770–93.

Ng, A., Lau, T. -S., Lu, A., Tsoi, R. and Wong, K. -H. (1974). *Social Causes of Violent Crimes Among Youth Offenders in Hong Kong*. Hong Kong: Social Research Center, The Chinese University of Hong Kong.

Ngai, N. -P. and Cheung, C. -K. (2005). "Predictors of the Likelihood of Delinquency: A study of Marginal Youth in Hong Kong, China," *Youth and Society 36(4)*: 445–70.

Pösö, T., Kitinoja, M. and Kekoni, T. (2010). "Locking Up for the Best Interests of the Child – Some Preliminary Remarks on 'Special Care'," *Youth Justice 10(3)*: 245–57.

Roberts, J., Stalans, L., Indermaur, D. and Hough, M. (2003). *Penal Populism and Public Opinion: Lessons from Five Countries*. Oxford: Oxford University Press.

Ryan, M. (1999). "Penal Policy Making Towards the Millennium: Elites and Populists; New Labour and the New Criminology," *International Journal of the Sociology of Law 27*(1): 1–22.

Said, E. (1994 [1978]). *Orientalism*. New York: Vintage Books.

Sheptycki, J. (2008). "Transnationalisation, Orientalism and Crime," *Asian Journal of Criminology 3*(1): 13–35.

Sun, R. and Shek, D. (2012). "Positive Youth Development, Life Satisfaction and Problem Behaviour Among Chinese Adolescents in Hong Kong: A Replication," *Adolescent Problem Behaviour 105*(3): 541–59.

Tang, C. and Wong, C. (1996). "Marijuana and Heroin Use in Hong Kong Adolescents: A Research Note," *International Journal of Addictions 31(1)*: 115–26.

Tang, C., Wong, C. and Schwarzer, R. (1996). "Psychosocial Differences between Occasional and Regular Adolescent Users of Marijuana and Heroin," *Journal of Youth and Adolescence 25*(2): 219–39.

Tannenbaum, F. (1938). *Crime and Community*. New York: Columbia University Press.

Traver, H. (2002). "Juvenile Delinquency in Hong Kong," in J. A. Winterdyk (ed.) *Juvenile Justice Systems: International Perspectives*, 2nd edn.Toronto: Canadian Scholars' Press Inc., pp. 207–34.

Tsang, K. K. K. (2002). Youth Crime in Hong Kong: An Analysis of Policy Instruments. Master of Public Administration, University of Hong Kong.

Vagg, J. (1998). "Delinquency and Shame: Data from Hong Kong," *The British Journal of Criminology 38*(2): 247–64.

Vagg, J., Bacon-Shone, J., Gray, P. and Lam, D. O. (1995). *Research on the Social Causes of Juvenile Crime: Final Report.* Hong Kong, Hong Kong Government Printer.

Wong, D. (2000). "Juvenile Crime and Response to Delinquency in Hong Kong," *International Journal of Offender Therapy and Comparative Criminology 44*(3): 279–92.

4

躁動的時機

本章將探討1960和70年代殖民地政
府對青少年罪行的政策回應,以了解當時
香港在殖民統治下「管治的傾向」,亦會說
明在殖民統治下,香港對青少年罪行的政
策回應如何呈現刑罰精英式的管治——一
個在後殖民地時代仍然沿用的政策。

　　1960 和 70 年代，當時適逢內地發生文革，殖民地政府期望提倡香港人身份認同，也考慮到長遠香港主權回歸中國，在此情況下，香港無可避免要推行政策回應青少年罪行。本章會從歷史角度（或稱 Historical Imagination）（Cox 2012）提供一個對青少年罪行及其控制策略的闡述。當代的犯罪控制的傾向與歷史事件的關係十分顯著（Gray 1996: 304; Jones & Vagg 2007），尤其是上世紀 60 年代後期發生的暴動。不過比起今日的犯罪控制策略，下文更着重於詳細闡述官方對青少年罪行的論述，以了解當時，尤其於上世紀 70 年代，香港在殖民統治下「管治的傾向」（Ruling Disposition）（Loader 2006: 564）。

　　香港與多數的西方國家在回應青少年罪行的政策方面有着不同的「故事」。當西方社會逐漸從刑罰福利主義及自由精英主義，走向 70 年代以刑罰民粹主義作基礎的新自由主義的「控制文化」（Cultures of Control）（Garland 1985, 2001; Ryan 1999），殖民統治下的香港對青少年罪行的政策回應如何呈現刑罰精英式的管治——一個在後殖民地時代仍然沿用的政策。

　　從香港殖民地歷史可以看到政府和市民的關係，以及對有關罪行的看法和處理手法。60 年代晚期，兩次由大量青少年參與的暴動發生後（其中一次由中國的文革影響所致），香港政府開始關注如何推廣港人身份認同，尤其是青少年的身份認同。我們會探討當時的官方報告，尤其是立法會對青少年罪行的辯論（見第一章），討論殖民政府的權利架構如何令它不必對犯罪情況正在惡化的看法作出相應的回應。此外，70 年代經濟快速增長，也有助當時的社會服務及更生計劃籌集資金；同時，當時人們開始對香港主權在 1997 年回歸中國感到敏感，殖民政府因而維持引用似乎有效的着重紀律及福利並重的方法應付青少年罪行；此政策至今仍然被重用（Laidler 2009; Jones & Vagg 2007: 597）。

　　我們認為此社會背景催生了刑罰精英式管治。類似於英國自由精英主義的時代，本地的刑罰政策由一群男性的殖民（Colonial）

（操英語的英籍白種人）精英主導，他們關注如何保障及維持其權力的合法性，並推廣香港公民身份及認同。本來備受忽視的公眾意見隨着時間逐漸被接納，不過是透過虛假的諮詢（Veneer of Consultation）。當時的公眾諮詢並不深入（至今亦然，其他章節將更詳細討論），亦只會在主流意見與政府利益立場一致及方便施政時才會進行（Ryan 1999: 1, 5）。與英國自由精英主義不同，刑罰精英主義者在公眾沒有投票權及政治家無需回應選民的情況下得以扎根。總結而言，刑罰精英主義者在流於表面的諮詢中激活了刑罰政策，他們「牽制着公眾的影響力」，並在高壓下推廣罪案管制，以營造執政合法性及創造仁慈領導的形象。（Johnstone 2000: 163）。

面對上世紀60年代的市民（青少年）問題

上世紀60年代後期的社會騷亂，影響殖民政府在70年代對罪行及社會改革的回應。這些改革關係到官員對管制罪案的爭辯，以及牽涉更廣的政治議題，即有關香港主權回歸中國（有關殖民政府本質的歷史背景，見第二章）。60年代初，「差不多每一位當權者」都會同意當時沒有青少年犯罪問題（Jones & Vagg 2007: 351）。當時的滋事青少年被稱為「阿飛」或「Teddy Boys」，如同期英國的「Mods and Rockers」，他們催化着道德恐慌（Cohen 2002〔1972〕; Pearson 1983）。不過在警方的看管下，青少年罪行沒有顯著增加；當時香港的叛逆青少年問題與其他地方大致一樣。1961年出版的《香港年報》指出，由於多於50%的人口（總人口超過300萬）為25歲以下，他們需要更多身心發展和「道德指引」（Moral Guidance）。《年報》指出「昇平時期的街頭不是培養公民意識的好場所。」雖然香港比其他國家「較少」受青少年犯罪影響，但報告警告香港不可「自滿」，受可疑的夜總會和歌舞廳影響下，青少年的心志可能會被荼毒（Government of Hong Kong, 1961: 185–87）。一名曾於60年代早期參與警務工作的退休高級警察作出以下評論：

那時候很少青少年罪行，當然黑社會社團及黑社會活動仍然存在……有年輕幫派，有Teddy Boys……（但）沒有人把他們當一回事。

（研究訪問）

這些可預計的問題也許能以可預計的手法處理。然而，兩次暴動讓這個可能性消失殆盡。1966年的第一次大型暴動相對本地化，它源於市民對本地製造業工作環境、薪金及整體生活水平的不滿。最初，一名年輕人以絕食抗議天星小輪（來往港島和九龍的交通工具）頭等船票加價；後來事件升級成九龍街頭的騷亂。很多騷亂者是窮困青年，他們以團體的模式出現，有些規模大至500人（Government of Hong Kong, 1961: 381-82）。1966年，未滿21歲的人口佔接近400萬的總人口的五成（Jones & Vagg 2007: 376）。其後332個參與暴動的人被判監，但大部分參與人士僅因違反宵禁而被判相對較輕的刑罰。「大部分」較嚴重違例者是年輕人──他們平均年齡19歲，屬於「低學歷、低薪、缺乏居所、過度工作的男性」（Scott 1989: 89-90）。

政府以非政治化的手法處理事件。1966年的《香港年報》指出當年的罪案增加了7.1%，並強調罪案升幅差不多全源於4月中在九龍發生的暴動（Government of Hong Kong, 1966: 155）。官方調查委員會於1966年5月6日發佈了暴動的調查報告，指出暴動的原因是精力過盛的青年人宣洩自己的能量，隻字不提背後的社政問題（Jones & Vagg 2007: 385-86; Scott 1989: 88）。委員會指出不少暴動參與者自覺只是暫留香港，缺乏「歸屬感」及表示「政府和人民之間有誤會」（Cheung 2009: 11-12）。為了解決青少年對香港缺乏認同感的問題，調查委員會強調「更嚴格的紀律、道德修養、強化傳統道德觀念、建立品格，以及防止家庭紀律進一步削弱」（Jones & Vagg 2007: 389）。

一名退休高級警察認為，大部分參與1966年暴動的人是：

青年人……固然是年輕的……他們可能是20歲出頭；甚至更年輕，但他們肯定是青年人。而他們後來發展到：「哇，我們可

以借機發洩及令當權者難堪，向警察扔石頭很好玩……」他們叫
該場暴動「天星小輪騷亂」，持續了多天，規模還是頗有限，我
的意思是他們在九龍……在尖沙咀區，我要指出的是這雖不是一
件「大事」，但當青年人醒覺了，準備要發聲，真令所有人有點
驚訝；真要命，我們要做一點事了。

（研究訪問）

　　翌年，一次在九龍發生，表面上是勞資糾紛的衝突，迅速升
級成為持續多月的嚴重騷亂。在數次襲擊中，總共有 51 人被殺
（Cheung 2009: 3）。在 1967 年後期，行動更升級至放置炸彈，當
中有真有假。與其他暴動不同，六七暴動是香港的「左派」共產主
義支持者響應早一年在內地發生的文化大革命。爭執最初集中於
不滿的工人，後來兒童及青少年加入，爭執迅速蔓延至九龍及港
島。當時青年人經常朗讀「毛主席語錄」和呼喊共產口號（Cooper
1970），數所學校也被改建成武器生產工場及左派思想灌輸集中
地，多達兩萬名學生接受左派教育。政府官員亦表達對事件的關
注，擔心左派教育將荼毒學生（Cooper 1970: 312）。

　　暴動最終在1967年年底完結。《香港年報》清楚指出兩次騷亂
中觸犯擾亂公共秩序罪的人大多為 16 歲以上人士。而 16 歲以下人
士主要干犯盜竊罪（1967 年最高峰時有多達 159 名 16 歲以下人士被
起訴）（見圖4.1）。

　　官方報告引述 1967 年的騷亂時依舊保持非政治化。1967 年
《香港年報》中開首就解釋了騷亂的細節及政府的回應。年報以
「羊年震撼人心的事件」為標題，緊接着的是正面的開首句「羊年
是愉快的一年」。政府有鑑於大部分參與暴動人士為青年人及兒
童，在報告中評論道「令人不安的是，當中參與這些暴力的犯法行
為大多為21歲以下人士」（Government of Hong Kong, 1967: 152）。
報告之後描述暴動期間的重要事件，並強調「必須以適當的觀點
來看」（Government of Hong Kong, 1967: 1）。報告刻意區分共產主
義煽動者及其他人，暗示其他人並沒有同情煽動者。六七暴動「絕
對不是一個廣受支持的運動」，因為它「沒有獲得社會上任何一個

圖4.1　1962年至1979年間因妨礙公安罪行（against public order）被起訴人數

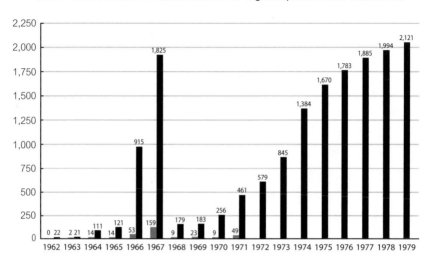

■ 16歲以下因妨礙公安罪行被起訴人數　　　■ 16歲或以上因妨礙公安罪行被起訴人數

資料來源：香港年報

群體很明確的支持，更遑論社會的整體支持」（Government of Hong Kong, 1967: 1）。

　　政府強調經濟因素導致青年暴動者不滿，並阻礙其發展公民身份認同。1967年的官方調查委員會就暴動寫道：

> 當時很多男生的工作令他們對自己的將來及發展缺乏安全感，加上冗長的工時及低薪，他們失去方向，對生活厭倦，更因而參與暴動。由於工作要求高，他們缺乏機會，卻又不能享受年青人的樂趣，故透過暴動發洩。
>
> （Commission of Inquiry 1967: 106 引自Lam 2005: 313）

　　再者，政府在1967年的年報中（與官方調查委員會報告不同），將涉及參與暴動的青年人形容成無知及被左派分子誤導的受害者：

很多案件中都有兒童涉及參與襲擊。有少女因藏有炸彈被拘捕，還有至少一名學童被自己藏有的炸彈炸傷……這些兒童大多就讀共產主導學校，他們的老師鼓勵同學參與這些活動，增強共產主義那日漸衰弱的勢力。

（Government of Hong Kong, 1967: 16）

報告提及政府為大部分21歲以下被判刑的青少年成立了一個（唯一）特殊的教育及職業培訓計劃（Government of Hong Kong, 1967: 156）。即使官員或許有認真看待暴動，在官方的說話上卻未有切實反映出來。立法局裏的辯論隻字不提60年代的暴動。Scott（1989: 94）指出立法局「沒有討論過1966年的暴動，除了香港一貫的做法——質問它花費了納稅人多少錢」。

然而，人們亦間接地指出他們關注當時政府及香港居民的不穩定的（Ephemeral）關係。Cooper（1970: 289）指出，官員了解到當時只有「少數人」會「自稱為土生土長的『香港人』」。他們尤其擔憂青少年。在立法局中，一名非官守議員對此說道：「社會上一直討論政府和人民之間的距離，我認為政府應更努力去與青年人接觸。引用一句老生常談的話，就是政府不只是要去管治，而且更是要讓人知道它有去管治」（G. R. Ross, *Hansard* 1967）。另一名非官守議員認為「青年人佔整個社會的人口愈來愈多」，所需的「已經不只是單純的犯罪與懲罰。種種事件反映出此政策已經失效」（H. C. Fung, *Hansard* 1969）。

海棠路男童院

香港的社工與政府官員均對暴動表示關注。香港社會工作人員協會（Hong Kong Social Workers Association）於1967年5月27日致函調查委員會，對社會上的「示威動亂」表達「深切的關注」，並表示「願意提供任何形式的支援」（Public Records Office n.d.a.）。在接着的8月，委員會邀請香港社會工作人員協會為機構如海棠路男童院內的男性青少年進行個人訪問。海棠路男童院於1964年創立，它有多項用途，「包括還押中心、給定罪『罪犯』的感化院

和『照顧』未被定罪的兒童的避難所」（Lee 1989: 62）。訪問中，他們被問及有關其個人背景、年紀、出生地點、學校、職業、健康、消遣習慣、組織參與及對個別事件的問題和態度。他們介乎 13 至 17 歲，大部分是 14 至 15 歲（Public Records Office n.d.a.）。

在暴動後接收了很多被捕男性青少年的海棠路男童院向政府提交報告（已公開），當中未有詳述他們改過自新的情況。

當談及 1967 年學童的特點，海棠路男童院監督在一個未註明日期的紀錄提及：

> 顯然而見的是，是次騷亂接收的學童與正常情況下所接收的那些分別甚大。左派學校的同學最固執、最倔強，那所謂愛國的思想深深印記在他們簡單的腦袋上。本地共產黨就利用這些「無知」、膽量卻比老兵更大的學童。他們大膽、執着、堅定、自大，不斷抗議任何合法或合理的調整；暴力是他們的劍，毛主席的話是他們的聖經。

> （Public Records Office n.d.a.）

另一份被公開，於 1968 年 2 月 23 日編寫的紀錄，海棠路男童院監督指出當時三名 14 至 15 歲的男童完成拘留期半年中四個月的監禁。「雖然他們沒有政治熱誠……」：

> 他們被在獄囚犯煽動，成為他們的喉舌或爪牙。隨着時間流逝，左派的比例愈來愈少，加上我們個別地關注這些男童，令事件慢慢地降溫，滋事者的勾結也隨之瓦解。

> （Public Records Office n.d.a.）

在海棠路男童院，男童獲得的照顧似乎是針對他們內在的左派思想。

接着兩個例子很有啓發性，因為它們指出成功改過自新的個案不單取決於年青人本身，亦取決於社會階級及其父母的政治背景。一些紀錄亦記載了社工家訪被捕男童後的感想。

1968年2月2日，一名監督對一名因偷車被判刑六個月的男童作出以下評論。紀錄指出：

> 根據職員所説，他的父親很厭惡我們。他自稱為搬運工人，但鄰居卻指他是一個左派工會的船塢工人。家中客廳一幅毛主席的照片可顯示房主的政治取向，所以難怪他會一面倒地指責……他的父親對自己的兒子獲釋的問題表現出負面的態度，並指自己知道如何處理他的兒子，他亦不會要求政府的仁慈對待。男童亦態度堅決，被問及他對自己的看法時，他回答説自己的狀況不錯。考慮到他的態度，我決定不把男童轉介到感化辦事處的自願接受監督。同時，考慮到他在男童院裏的變化並不大，我不能建議他提早獲釋。

> （Public Records Office n.d.a.）

一名海棠路男童院社工於1967年10月19日節錄的紀錄與以上有所出入。一名15歲的男童因參與騷亂而被拘留了六個月。紀錄指出這個男童「頭腦清醒並十分聰明」，而且老實、負責任和有禮貌，寫道：

> 男童沒有掩飾自己對毛主席的崇拜，照常閱讀其書藉；對於敏感的話題，他在對話裏亦沒有流露太誇張的感情……**他家庭的經濟狀況不俗**，他們除了憂心兒子被捕一事之外，**對近來的騷亂都不太熱心**……家庭關係不錯……現時來看，實在不適宜對他的將來作任何評論，但我很有信心他已學習到從不同角度看人和事。他可獲得提早釋放。

> （Public Records Office n.d.a. 引文加入強調的標記）

在較早前的日子，這位社工對該名男童進行家訪，並於1967年9月2日所節錄的紀錄中，對該次家訪作出評論：

> 男童的家通風及照明良好。家裏有一個"ice-box"（舊式雪櫃）、"sattee"（舊式沙發）和私人電話。我估計男童在這個中產的環境成長應該不會有甚麼投訴。由於他的家庭受天主教影響，

可疑的所謂「愛國主義」（patriotism）也很難令到他們很熱心。男童成長後就會知道怎樣為未來作選擇。我建議提早釋放他。

（Public Records Office n.d.a. 引文加入強調的標記）

一名監督訪問過海棠路男童院的男童後，在未註日期的紀錄上（最遲大概是 1968 年）總結：他指出社工的介入能有效地處理參與騷亂的男青年人及「控制危急情況」（Public Records Office n.d.a.）。政府在官方報告再次強調這一點，以減低公眾憂慮及把事件去政治化，並更着重發展協助反叛的少年犯更生及融入社會的計劃及服務。

在港督戴麟趾的領導下，港府推行了一些針對青年人的政策改革和方案，包括 1966 年騷亂後的暑期課程和青少年活動（Lam 2005: 314）。1968 年，社會福利署撰寫的報告強調應透過教育及培訓計劃穩定就業及改善青年發展機會（Lam 2005: 313）。這些方案雖和非官守議員的建議相似，官守議員卻帶有更廣泛的政治考慮。這些考慮包括官方愈來愈關注事件，不只香港，還有英國的官員。尤其是香港當時即將面對九七回歸，故必須有效地處理 60 年代的騷亂（Cheung 2009: 140）。一份 1970 年 4 月 23 日紀錄的英政府檔案最近被公開，揭示了當時的港督戴麟趾的言論，「1967 年的騷亂後讓倫敦政府很是憂心，能否維持市民信心是殖民地會否積弱、甚至存亡的關鍵」（Yep & Lui 2010: 252）。另一位高級退休警官亦提出相同論點，他評論香港普遍的貪污問題如下：

（為了解決貪污問題）政府展開了一連串的行動……人們明白到真的有需要解決貪污的問題……否則英國管治香港的能力將受嚴重影響。所以……你可見……60 年代很有動力去做點事。

（研究訪問）

這名警官亦支持港督戴麟趾在 60 年代後期針對騷亂的領導和施政，認為「歷史對這位為未來計劃的人很不客氣」（研究訪問）。直至 70 年代在港督麥理浩領導下，社會改革變得更有系統，

刑罰精英式的管治及針對青少年犯罪的着重紀律及福利並重式的懲治手法亦愈發根深柢固。

70年代着重紀律及福利並重的出現

1971年，職業外交官麥理浩成為香港港督。他「政治觸覺敏銳，亦⋯⋯很善於為政府及自己建立正面形象」（Tsang 2004: 205）。麥理浩在公共房屋、教育、社會福利、醫療及衛生服務引入大規模的社會改革。當時警員貪污問題日漸嚴重，引起公憤，於是從1974年開始，打擊貪污的工作由極具影響力的廉政公署着手處理（McWalters & Carver 2009）。這些改革是由於上世紀70年代早期暴力罪案增加開始，尤其牽涉「年紀較大」的年輕犯罪者（Jones & Vagg 2007: 452）。1965至1975年間整體的罪案增加了三倍，公眾表達了希望「嚴厲打擊」襲擊、搶劫和強姦等罪行的訴求（Jones & Vagg 2007: 455–56）。

負責表達民意的立法會非官守議員抨擊少年罪犯，不把他們刻畫成受害者、反映其訴求，而是強調他們是施害者，並聚焦於其行為。一名非官守議員把他們歸類為「暴徒」（Thug）——「他們大部分屬於14至29歲的青年人，因社會縱容暴行，讓他們能夠欺負和恐嚇手無寸鐵的人民，尤其是婦女」。不管青少年犯罪原因為何，他說道：

> 如果沒有具阻嚇性的刑罰，如監禁或減低他們成功搶劫的監控系統，他們會繼續令其他香港人受害⋯⋯這些年青的暴徒是披着狼皮的老鼠。他們總是帶着刀，一般會襲擊手無寸鐵的婦女。
>
> （Wong, *Hansard* 1972）

有趣的是，從非官守議員的角度來看，以更生作為此時期的目標並不合適，回應公眾意願更為重要。一名非官守議員支持就藏有攻擊性武器並用之於劫案訂立最低刑期，他認為：

有別於從前，現時公眾對於停止或暫時擱置對犯罪者使用較人道及開明的處理手法感到滿意。**政府發現公眾對政府的信任比個別罪犯更生狀況更為重要**，故建議使用更強硬的方法去維持社會穩定……制定最低刑期雖然不是傳統作風，但就現今香港而言十分合理。

（T. K. Ann, *Hansard* 1972 引文加入強調的標記）

政府以「刑期短、紀律嚴及阻嚇力大」（Short Sharp Shock）的手法打擊了青少年犯罪。勞教中心，例如於 1972 年成立的沙咀懲教所（前稱沙咀勞役中心），要求青少年（頭髮被剪成「陸軍裝」）每天黎明時分就開始進行操練，並密切監察他們的行為。1972 年的《香港年報》形容勞教中心的服務為：

要求嚴格之紀律及勤勉工作，以教導犯人尊重法律，及授以積極之訓練。拘留此間之青少年，刑期少則一月，多則半年，隨後另有半年之善後工作。

（香港政府 1972: 122）

翌年，1973 年的《香港年報》指出，「鑒於青少年犯人採用暴力的日多」，政府將加設更多教導所。教導所裏的人「忙於學習、接受職業及工藝訓練及從事康樂體育活動」，教導所的日常活動頗為「緊湊」（香港政府 1973: 103）。這種結合懲罰與道德修養培訓猶如在英國自由精英主義下的更生康復做法。這種做法可算是一種更高層次的「文明化計劃」（Civilizing Project），致力幫助青少年罪犯「重塑公民意識」（Loader 2006: 565；Vaughan 2000）。可是，有着殖民地背景的香港政府，希望令青年人認同公民身份與其對維持秩序和穩定的需要息息相關，而這又與其長遠的九七回歸問題有關。

正是這種社會政治背景進一步推動政府建立「更大的諮詢網絡」，以加強市民對政府的信任（Jones & Vagg 2007: 5），罪案是整個討論的中心。政府舉辦了「撲滅罪行」（Fight Crime）及「保持香港清潔」（Keep Hong Kong Clean）運動。同時，為了處理 70 年代早

期青少年罪行上升的趨勢，政府於 1973 年成立了撲滅暴力罪行委員會（Fight Violent Crime Committee）。為配合以上行動，社會福利署開始策劃「更全面」的方案，包括讓青年人投入鄉郊服務、社會服務及社會研究，目的是使他們寓工作於玩樂，貢獻社會（Jones & Vagg 2007: 429）。社會福利署與其他部門及志願機構合作，希望透過推廣這些活動讓青年人投入「『有益』的娛樂及有建設性的活動」。社署的目標是建立「多方面防止犯罪的活動」（Lee 1989: 59-60）。社會福利署為青少年罪犯建立了作住宿及治療用途的中心，希望以社會工作改變他們的行為和態度（Wong 2000: 287），亦通過兒童及青少年中心協助邊緣青年重新投入社會。青少年服務的四大支柱慢慢拓展，包括學校社工、兒童及青少年中心、外展社工及家庭生活教育（Choi & Lo 2004: 154）。

　　縱使暴力罪案情況依然嚴重，包括青少年間的罪行，政府的年報仍然保持正面。1971 年的年報以「十年進展」（A Decade of Progress）為題，指出：

> 　　有青年男女……社會意識……遠勝於青年罪犯。隨同此種趨勢，各青年對政府機關有更深切注意，及勇於批評。在都市化社會中，年輕一代經已擺脫傳統觀念，不再認為家庭或宗族為生活之中心，亦不再意識「政府」為高深莫測之體制。香港之青年不少有親戚家屬居留外地，但亦視香港為其家鄉，在 1967 年騷動事件中，此等青年有採取立場之需要，其表現更足以加深此種認識。
>
> （香港政府 1971: 6）

　　文中值得留意的是其包容性措辭，強調比起一些小眾的「罪犯」，大部分青年人都是具有高度公民身份認同的市民。更明顯的是，政府看來比以前更會直接與公眾交流。報告繼續強調這一點，指出「故年來顧問與諮詢性之委員會之設立，顯著增加。此等委員會，在 1961 年只有 64 個，而 1971 年則增至 132 個」（香港政府 1971: 7）。

有關增加諮詢及市民參與的工作，在1973年的年報中仍然顯著，以改善大眾視政府為冷待民情的觀感：

> 在香港，政府與民眾間保持良好關係，但此種關係許多人常誤以為乃由於家長式之執政所致，何者對民眾最為有利信賴直覺，而對政治不感興趣之民眾，亦滿足於當局應在此種誤以為有利之錯覺下繼續統治下去。但不論過去情形如何，今日之局面絕非如此。

（香港政府 1973: 1）

報告接着推廣政府最新的「諮詢制度」，指出「雖然此種諮詢制度之優點或未能即時目睹，但已證明就適應民眾之需求及願望方面而言，比其他地區採取傳統式及理論上更為民主方法者，其反應更為敏銳。」（香港政府 1973: 1）。立法局的議程聲明上也經常提及這段期間內政府花了愈來愈多的時間聆聽民意。或許再簡單地說，如非官守議員黃宣平指出：「政府管治範圍愈小就代表政府管治得愈好的理論是錯誤及過時的。」（*Hansard* 1971）。

看來當時的官員開始認真對待以前忽略的公眾問題和非官守議員對罪案的意見。當然，諮詢的出現是重要的，尤其考慮到當時政治狀況。不過有證據顯示港督麥理浩的改革某程度上是受壓於倫敦政府對九七回歸的關注（Yep & Lui 2010: 255）。1971年，麥理浩行將就任港督，他在擔任港督的指引中表示所訂的政策需「延續市民的信心」，並「爭取一切有利與中國談判條件的機會」（Yep & Lui 2010: 253）。這些壓力都源於60年代後期的騷亂，於一份現已公開並紀錄於1971年10月16日的紀錄中，麥理浩向多位官員強調培養青年人的公民身份認同。麥理浩寫道：

> 香港其中一個不容小覷的特點是，雖然400萬以此為家的人不多不少都拒絕了中國，但是大部分人口仍未完全接受香港。新一代的人口漸漸增加，當中有55%人口為25歲以下，他們對政府的要求愈來愈多，而且訴求大都合理。我們的政府，像其他政府一樣，需要得到民意認同，而且不是透過投票制度。

（Yep & Lui 2010: 253）

接着，紀錄中繼續重申「鞏固市民信心的需要」，政策需能夠「使人們和精英像1967年一樣，對香港有歸屬感，令他們想留下來居住」（Yep & Lui 2010: 253）。

要注意的是，經濟的蓬勃增長及香港於國際上的崛起無疑有助麥理浩推行社會改革。香港的本地生產總值（GDP）於上世紀60年代只上升了2.8倍，而在1971年至1981年間就已經增長了五倍（Tsang 2004: 192）。這條件令70年代初期推行的計劃在中前期已收成效。1975年麥理浩在立法局上指出勞教中心：

> 繼續成為處理少年犯的最有效方法。由1972年6月起開設的第一間勞教中心已曾收容過1,660個少年囚犯，當中大部分人犯了暴力罪行。成功率達到87%，可見這項措施的計劃及安排均十分完善。
>
> （*Hansard* 1975）

1977年，在另一個立法局會議上，麥理浩指出1964年至1974年期間，暴力罪行的增加令到：

> 市民感到強烈焦慮並破壞其對政府及警隊的信心。但隨着1973年各項重大措施推出後，由1974年至到本年7月，暴力罪行減少了三成，重要罪案也減少了13%。21歲以下的少年罪犯佔整體罪犯的比例也由1973年的39%減至30%，當中16歲以下的由12%減至8%，情況令人滿意。
>
> （*Hansard* 1975）

他把成功歸功於政府擴展了為青年人而設的「文娛康樂活動」：

> 我不認為這一切都是巧合，因為隨着這些服務開展後，青少年罪案顯著減少。
>
> （*Hansard* 1977）

立法局非官守議員大多繼續與官守議員（即政治精英）連成一線，他們亦從着重回應罪案而推廣法律和社會秩序，轉移到推廣

社會工作、預防罪行並視青年人為會貢獻社會的市民。非官守議員張有興表示：

> 香港正在經歷一場社會革命，它將為青年人提供更多的學習機會，讓他們發展潛能和得到良好的生活水平。在此過程中我們希望他們透過利用閒暇在區內做義工「服務社會」，從而培養出本土意識及**忠誠**。
>
> （*Hansard* 1976c 引文加入強調的標記）

1975年，撲滅罪行委員會（Fight Crime Committee）把「暴力」（Violent）一詞從它的名字中除下，擴闊其工作領域至嚴重罪行以外。委員會的一份紀錄中如是評論：

> 透過進一步討論，大家大致認同將「暴力」一詞從「主要委員會」和「地區委員會」中移除，以更準確反映委員會可預見的更廣泛的工作。
>
> （Public Records Office 1975）

1978年，非官守議員張有興在立法局會議中聲明：

> 暴力罪行已經不如三、四年前般嚴重。正因如此，撲滅暴力罪行委員會的名字在中央統籌和區域的層面已縮短為撲滅罪行委員會。然而，更逼切的工作是擴展個人輔導社會工作，以協助在學及非在學青年人去解決個人問題，免得他們變得反社會或犯法。
>
> （*Hansard* 1978）

他認為社會最需要的是「鼓勵及指引青年人變成有責任感、參與社會事務的良好香港市民」（H. Cheong-Leen, *Hansard* 1978）。

在「刑期短、紀律嚴及阻嚇力大」的着重紀律及福利並重式的懲治手法對青少年罪行仍然有效的時刻，官方的報告中更滿是對懲教更生的成功論述。1976年的《香港年報》上隻字不提上世

紀60年代發生的事件，報告以「二十年來的經濟成就」為題，回顧上世紀50年代中期至70年代中期的雙線經濟發展（香港政府1976: 1），卻沒有提及60年代發生的事件如何促成70年代中期推行的措施。其後，70年代的年報提到有「為市民及特別為青少年而設的文娛康樂活動⋯⋯有迅速擴展，此舉經證實可幫助青少年發展為成熟而有責任感的市民」，只有「小部分易受不法分子影響的青少年」未有受惠於此。（香港政府 1977: 90）。此時期的年報不斷強調學校內的社會工作、家庭生活教育及愈來愈多人參加協助邊青的社工培訓十分成功。報告亦指出，更生機構對青少年罪犯有阻嚇作用。例如1978年的年報指出，「統計數字可證明這項計劃（勞教中心）的成功：犯人從中心釋放後，三年內不再犯案的約達75%。犯人釋放後，要強迫接受善後輔導員12個月監管」（香港政府 1978: 110）。

這些成功只會進一步加強刑罰精英式的殖民管治（在一定程度上不能否認是「真實」的成功）。官員傾向不接受非官守議員反映的民意，因為民意並不同意他們對維持社會穩定及保持制度表面上「有效」的看法。這從非官守議員及律政司於1976年的辯論中可以看出。一位非官守議員問：

> 政府會否正式向首席按察司（現稱首席大法官）提出審核1975年11月6日及1976年1月7日有關暴力罪行刑罰不適當的會議紀錄？⋯⋯政府又會否向首席法官展視上年度多份有關公眾投訴刑罰不適當的會議紀錄及新聞稿？
>
> （*Hansard* 1976a）

律政司坦率地回答：「不，先生。我認為這個情況下，兩個做法也不適當，故我不會考慮。」非官守議員回應：「原因是什麼？」律政司在辯論的最後回應：「經過詳細考慮公眾利益，我不認為在這時刻採取這個做法是最好的」（*Hansard* 1976a）。這種交流在政治

和社會經濟層來看是一種家長式的刑罰精英式管治,以及一個只會在有助維持其權力的時候才聽取民意的政權[1]。

幾個月後,民政署署長明確指出「西方」國家與香港在處理青少年犯罪制度上的分別。他指出:

> 幸運的是,只有少數青年人涉及(暴力罪行)。大部分青年人都不會成為罪犯。相反,他們有潛質改善社會,而這正正就是青少年服務的目的。
>
> (*Hansard* 1976b)

然後,他比較「西方文化」及香港的政治文化:

> 西方文化較習慣利用衝突解決社會問題。當一件事有兩種取態,人們就會用投票解決。大多數的獲勝,而少數的要讓步。在香港,我們不運用這方法,衝突會在妥協中漸漸消失。我們沒有投票箱,而共識必須要被達成。所以,當一個團體的領袖察覺到問題並將其提出時,香港的做法是把這領袖帶到制度裏解決問題,而不是把他排除在外,要他在一個永無可能發生的選舉中競爭。
>
> (*Hansard* 1976b)

儘管香港殖民政府運用多了「諮詢」的字眼及增加了公眾參與,但它仍維持刑罰精英式管治,以維持人們作為「被動的公民」的「較淺的社會意識」(Lam 2005: 310)。70年代的經濟增長及政治手段令處理青少年罪行的工作更為「成功」,亦為沿用至今的着重紀律及福利並重的制度奠下基礎。至今,後殖民政府的制度雖於97後大幅改變,但仍有證據顯示刑罰精英式的管治手法依然明顯。

---

1. 其中一個能夠顯示政府沒有進行深入實踐諮詢的證據可見於上世紀70年代早期成立的互助委員會及分區委員會。兩者被認為是負責協助撲滅罪案和保持香港清潔運動。這些委員會受政府直接資助,亦因此受政府的控制。本地委員會的領導會由被認為很少會製造問題(如投訴)的人擔當。在刑罰精英式的管治框架下,正如Keung(1968: 21)觀察所得:「公眾參與不只是加強政府的權力,亦是在鞏固其執政合法性。即使政府並沒有重視公眾意見,政策制定者亦可以聲稱已經諮詢了公眾的意見。」。

小結

上世紀60年代以前，對於香港人的公民身份認同，政府覺得「本地的歸屬感不甚重要，甚至可以忽略」（Lam 2005: 315）。儘管暴動發生在香港島和九龍半島的某幾個地方，但對於有相當大批不滿政府的青少年，這就引起了60年代末期的官員的關注，因為那些青少年威脅到政府權力及殖民地政治穩定。因此，60年代末期和70年代的官員十分明白需要制定一些能夠鞏固他們執政合法性的政策，尤其針對青少年。這因而建構了着重紀律及福利並重式應對手法的基礎。一個從上而下、刑罰精英式的管治手法油然而生，這管治手法允許一小部分的男性精英因應他們的政治目的去制定應對青少年犯罪的方法。雖然殖民地政府不斷在上世紀70年代推行「根據民意的管治方式」（Governance by Consent），不過公眾的意見只會在「不損害政府自身原則、所涉及的政策不會影響整個政治制度下」才被考慮（Lau 1982: 31）。雖然公眾諮詢存在，但是一旦政府發現諮詢的結果有損維持執政合法性和現狀，它們就會被束之高閣（Keung 1986; So 1975）。

伴隨刑罰精英主義框架的一個結果可見於上世紀70年代。當時的官員傾向漠視非官守議員為公眾反映的要求，即希望政府「對罪案更加強硬」。官員認為毫無必要打破行之有效的常規。上世紀70年代官方報告的正面論調，反而令到本應接受「品格改造」的年輕「有待改善的公民」面對「刑期短、紀律嚴及阻嚇力大」的懲罰手法（Vaughan 2000: 26）。懲教計劃經常為社會工作計劃所補足。上世紀60年代的暴動之後，社會福利署在教育中注入了推廣「負責任公民」這一概念（Lam 2005: 312）。Lam（2005: 314）如是說：「正面的社會控制產生良好公民意識」。我們認為這同時確保經濟增長，尤其長遠來看，香港最終會從英國手上歸還予中國管治。Yep & Lui（2010: 256）同時觀察上世紀70年代的社會改革，並作如此評價：「這些改革不只是一個仁慈的殖民者送給香港的禮物，以啟迪民智，而是一種工具去維持殖民地的發展和穩定。現在看來，為了滿足當權者的政策目標，這手段是必須的。」

當刑罰精英主義在西方國家逐漸為刑罰民粹主義所取代時（Bottom 1995; Johnstone 2000; Roberts *et al.* 2003），香港的後殖民地歷史因為繼續沒有普選而走上了另一條道路。自1984年簽署《中英聯合聲明》以來，尤其是在最後一任港督彭定康的帶領下，許多公共部門進行了改革，還有不同政治團體的成立和立法會部分議席的直選。這改革的氣勢在1997年後被北京制止（Jones & Vagg 2007; Ma 2007: 60）。甚至直到2004年，政府的行政機關仍是由委任產生，只有一半的立法會議席是由直選產生（Ma 2007: 7）。作為中國的一個特別行政區，香港在「一國兩制」的方針下，其政府架構和決策都受到北京政府直接影響。取代港督地位的行政長官現在須直接向北京政府負責。Ma（2007: 61）指出：

> 一個擁有很強個人魅力的或者採取民粹主義的方法的政治人物不太可能會被（中國）中央政府選為（香港）特別行政區（的行政長官）。

他繼續說：

> 如果沒有具個人魅力的領導，要於後殖民地時期維持香港政府的執政合法性，良好的施政表現就變得至關重要。而最初的假設就是現有的體制架構能夠繼續有效的施政。
>
> （Ma 2007: 61）

Ma就殖民地時期遺留下來的司法系統的陳述相當準確。應付青少年犯罪時，着重紀律及福利並重式的應對手法仍是首要。在官方報告中，勞教中心和教導所對青少年犯事者的成效不斷受到讚賞（Jones & Vagg 2007）。再者，由於缺乏民主選舉，公眾從來都沒有熱切關注和審視法律體制，亦不會擔心這制度會影響社會安寧。反而經濟繁榮和穩定依然佔據重要的位置（Chui 2002: 301）。後殖民地政府繼續進行着公眾的「諮詢」，但是這文明社會中的團體認為這些諮詢不夠誠懇（Ma 2007: 131）。

參考資料

Bottoms, A. (1995). "The Philosophy and Politics of Punishment and Sentencing," in C. Clarkson and R. Morgan (eds) *The Politics of Sentencing Reform*. Oxford: Oxford University Press, pp. 17–49.

Cheung, G. (2009). *Hong Kong's Watershed: The 1967 Riots*. Hong Kong: Hong Kong University Press..

Choi, A. and Lo, W. (2004). *Fighting Youth Crime: A Comparative Study of Two Little Dragons*. Singapore: Eastern Universities Press.

Chui, W. H. (2002). "The Social Work Model of Probation Supervision for Offenders in Hong Kong," *Probation Journal 49*(4): 297–304.

Cohen, S. (2002 [1972]). *Folk Devils and Moral Panics*. London: Routledge.

Cooper, J. (1970). *Colony in Conflict: The Hong Kong Disturbances May 1967-January 1968*. Hong Kong: Swindon Book Company.

Cox, P. (2012). "History and Global Criminology: (Re)inventing Delinquency in Vietnam," *The British Journal of Criminology 52*(1): 17–31.

Garland, D. (1985). *Punishment and Welfare: A History of Penal Strategies*. Aldershot: Gower.

—— (2001). *The Culture of Control: Crime and Social Order in Contemporary Society*, Chicago: University of Chicago Press.

Government of Hong Kong (1961). *Hong Kong Government Annual Report*. Hong Kong: Hong Kong Government Printer.

—— (1966). *Hong Kong Government Annual Report*. Hong Kong: Hong Kong Government Printer.

—— (1967). *Hong Kong Government Annual Report*. Hong Kong: Hong Kong Government Printer.

Gray, P. (1996). "The Struggle for Juvenile Justice in Hong Kong 1932–95," *Hong Kong Law Journal 26*(3): 301–20.

Hansard (1967). *Hong Kong Legislative Council Records of Proceedings, 15–16 March*. Hong Kong: Hong Kong Government Printer.

—— (1969). *Hong Kong Legislative Council Records of Proceedings, 2 October*. Hong Kong: Hong Kong Government Printer.

—— (1971). *Hong Kong Legislative Council Records of Proceedings, 6 October*. Hong Kong: Hong Kong Government Printer.

—— (1972). *Hong Kong Legislative Council Records of Proceedings, 13 December*. Hong Kong: Hong Kong Government Printer.

—— (1975). *Hong Kong Legislative Council Records of Proceedings, 8 October*. Hong Kong: Hong Kong Government Printer.

—— (1976a). *Hong Kong Legislative Council Records of Proceedings, 21 January*. Hong Kong: Hong Kong Government Printer.

—— (1976b). *Hong Kong Legislative Council Records of Proceedings, 4 August*. Hong Kong: Hong Kong Government Printer.

—— (1976c). *Hong Kong Legislative Council Records of Proceedings, 27 October*. Hong Kong: Hong Kong Government Printer.

—— (1977). *Hong Kong Legislative Council Records of Proceedings, 5 October*. Hong Kong: Hong Kong Government Printer.

—— (1978). *Hong Kong Legislative Council Records of Proceedings, 24 May*. Hong Kong: Hong Kong Government Printer.

Johnstone, G. (2000). "Penal Policy Making: Elitist, Populist or Participatory?" *Punishment & Society 2*(2): 161–80.

Jones, C. and Vagg, J. (2007). *Criminal Justice in Hong Kong*. New York: Routledge-Cavendish.

Keung, S.-C. (1986). An Assessment of Government's Role in the Creation and Evolution of Mutual Aid and Area Committees. Master of Social Sciences, University of Hong Kong.

Laidler, K.J. (2009). "Correctional Services Department," in M. Gaylord, D. Gittings and H. Traver (eds) *Introduction to Crime, Law and Justice in Hong Kong*. Hong Kong: Hong Kong University Press, pp. 185–203.

Lam, W. -M. (2005). "Depoliticization, Citizenship, and the Politics of Community in Hong Kong," *Citizenship Studies 9*(3): 309–22.

Lau, S. -K. (1982). *Society and Politics in Hong Kong*. Hong Kong: The Chinese University Press.

Lee, M. (1989). Care and Control of Juvenile Delinquents in Hong Kong. Master of Philosophy, University of Hong Kong.

Loader, I. (2006). "Fall of the 'Platonic Guardians': Liberalism, Criminology and Political Responses to Crime in England and Wales," *The British Journal of Criminology 46*(4): 561–86.

Ma, N. (2007). *Political Development in Hong Kong: State, Political Society, and Civil Society*. Hong Kong: Hong Kong University Press.

McWalters, I. and Carver, A. (2009). "Independent Commission Against Corruption," in M. Gaylord, D. Gittings and H. Traver (eds) *Introduction to Crime, Law and Justice in Hong Kong*. Hong Kong: Hong Kong University Press, pp. 91–109.

Pearson, G. (1983). *Hooligon: A History of Respectable Fears*. London: MacMillan.

Public Records Office (n.d.b.). *Report on the Interviews with Boys in Begonia Road Boy's Home, HKRS 292 D-S 2-1*. Hong Kong: Public Records Office.

—— (n.d.b.). *Detainees in Connection with Breach of Curfew Order and Rioting in April 1966 and Riot in May 1967, HKRS 292 D-S 2-1*. Hong Kong: Public Records Office.

—— (1975). *Fight Violent Crime Committee: Agenda and Minutes, HKRS 684 D-S, 5-74*. Hong Kong: Public Records Office.

Robert, J., Stalans, L., Indermaur, D. and Hough, M. (2003). *Penal Populism and Public Opinion: Lessons from Five Countries*. Oxford: Oxford University Press.

Ryan, M. (1999). "Penal Policy Making Towards the Millennium: Elites and Populists; New Labour and the New Criminology," *International Journal of the Sociology of Law 27*(1): 1–22.

Scott, I. (1989). *Political Change and the Crisis of Legitimacy in Hong Kong*. Honolulu: University of Hawaii Press.

So, M. -Y. (1975). The Assessment of Potential and Limitation for Community Development of District Level Associations. Master of Social Work, University of Hong Kong.

Tsang, S. (2004). *A Modern History of Hong Kong*. Hong Kong: Hong Kong University Press.

Vaughan, B. (2000). "Punishment and Conditional Citizenship," *Punishment & Society 2*(1): 23–39.

Wong, D. (2000). "Juvenile Crime and Responses to Delinquency in Hong Kong," *International Journal of Offender Therapy and Comparative Criminology 44*(3): 279–92.

Yep, R. and Lui, T.-L. (2010). "Revisiting the Golden Era of MacLehose and the Dynamics of Social Reforms," *China Information 24*(3): 249–72.

香港特別行政區政府（1971）。《香港年報》。香港：政府新聞處。

—— （1972）。《香港年報》。香港：政府新聞處。

—— （1973）。《香港年報》。香港：政府新聞處。

—— （1976）。《香港年報》。香港：政府新聞處。

—— （1977）。《香港年報》。香港：政府新聞處。

—— （1978）。《香港年報》。香港：政府新聞處。

5

提高最低刑責年齡

本章探究2003年將最低刑責年齡由7歲提高到10歲所衍生的爭議。透過提供法律改革的紀錄，並集中討論後殖民地時期的刑罰精英主義框架，有助了解社會上對青少年犯罪和青少年犯事者的深層次觀點。

　　由法律列明的最低刑責年齡，明確界定了兒童何時踏入倫理心智成熟期，從而塑造其身份。本章不只希望提供一個法律改革的紀錄（Chui 2006），更會嘗試論證政府會在政治上最便利的時候推動改革，而提高最低刑責年齡這項於九七回歸後的改革，就是希望加強政府的執政合法性和管治權。儘管提高最低刑責年齡的爭議始於殖民地時期，但當時並未出現法律改革。基於這些爭議，我們將繼續討論前文提出的刑罰精英主義框架，尤其集中討論後殖民地時期的情況，亦會提到如何整合國際標準的論述（對比國際人權公約及本地青少年司法制度政策），以及視兒童犯事者（犯罪時年齡低於最低刑責年齡）為無辜受害者並聚焦在他們的社會經濟需要而非犯罪行為的這兩個論述。我們在不斷勾畫香港以至國際上對於提高最低刑責年齡的正反論述時，目標是深入研究公眾諮詢的時機，以及政府處理政治問題的回應。比較本章和之後數章，可以看到即使1997年後主權和政體出現變動，公眾諮詢和政策制定上亦與以往不同，香港依然沿用刑罰精英式的管治方法回應青少年犯罪。

最低刑事責任年齡——定義與趨勢

　　Cipriani（2009: 157）如此定義最低刑責年齡：「一個可被視為罪犯，或於青少年司法制度中須為所犯罪行負責的最低年齡。」但這明確的定義忽略了最低刑責年齡的不確定性，因為「最低刑責年齡為『何謂兒童』這富爭議性的議題作出定義；它代表犯罪能力；自由和被保護的權利」（Cipriani 2009: 16–17），影響着對年齡較小的罪犯的處理手法：即應着重他們的福利，還是讓他們經歷嚴苛的司法程序。從社會學與歷史學對「創造」兒童時期（Childhood）這一概念，與有關何謂有罪的法律研究（Aries 1962; Patenaude 2006）和當代應對青少年犯罪模式的質疑和疑問中（Adorjan 2009; Packer 1964），我們發現此爭議有更多的複雜性。當代青少年司法制度的爭議多圍繞兩個互相競爭的模式：福利（Welfare）和司法（Justice）

（Garland 1985）。福利模式「從根本上否定兒童有犯罪能力和刑事責任」，而司法的系統則「以刑事責任和兒童有否被指擁有犯罪能力為基礎」（Cipriani 2009: 4）。司法系統本身包括一系列框架設計，如正當的法律程序、嚴厲的「罪有應得」（Just Deserts）式懲罰和罪案控制（Muncie 2005: 36）[1]。有觀察員發現日漸興起的新自由主義式（Neoliberal）青少年司法理念，而這新興的理念可見於新保守主義（Neoconservative）的治安為上政策（Muncie 2005; Muncie & Goldson 2006）。在現有的罪案控制觀念下，福利模式和視青少年犯事者為受害者並值得協助他們更生的觀念的影響力已消退（Muncie 2008; Spencer 2011）。

當我們進一步了解上述兩種互相競爭的模式時，會發現它們對為何青少年司法制度要訂立最低刑責年齡有着很基本的分歧。其中一方要求較高的最低刑責年齡，甚至高達18歲，從而不需要另一個獨立的司法系統去處理青少年問題。一個較低的最低刑責年齡代表一個嚴厲的「治安為上」懲罰式處理手法（Cipriani 2009: ix）。另外一方則認為訂立較低的最低刑責年齡，可以讓在最低刑責年齡以上的犯事者獲得正當程序和正式法律保護。再者，在實施較高的最低刑責年齡的國家裏，體制如社會福利會負責處理低於最低刑責年齡的青少年犯事者，懲罰方式則多是將青少年犯事者置於能提供保護和更生的機構內，且沒有時間限制（Cipriani 2009: x）。

儘管觀點不同，除美國和索馬里以外的所有國家都承認 1989 年的聯合國《兒童權利公約》（Cipriani 2009: 19）。在 1989 年到 2008 年間，40 個國家設立或提高了被視為「兒童權利基石」（Cipriani 2009: 19）的最低刑責年齡；65 個國家則提高或建議提高她們的最低刑責年齡，只有 7 個國家或地區降低了她們的最低刑責年齡。對於最低刑責年齡，各國漸行漸遠，提高或者希望

---

1. 詳細論述西方社會如何從福利到司法和「控制罪案」的模式的時序（Thorson 1999; Garland 1985, 2001; Cipriani 2009）超越了本書的研究範圍，所以不會在此討論。

提高最低刑責年齡的國家，與降低或者希望降低最低刑責年齡的
國家的比例是 7:1（Cipriani 2009: 111）。兒童權利委員會建議的國
際標準把最低刑責年齡設定在 12 歲，只有 5 個國家把最低刑責年
齡訂立在 16 歲，更沒有一個國家定在 16 歲之上；包括 23 個把最低
刑責年齡訂於 0 歲的國家在內，國際間最低刑責年齡的中位數亦
即是國際標準是 12 歲（Cipriani 2009: 108, 110）[2]。國際慣例是審視
自身的法律文化去決定最低刑責年齡。例如那些設立最低刑責年
齡為 13 歲的國家是受法國法律影響；設立最低刑責年齡為 14 歲的
國家是受蘇聯法律所影響；把最低刑責年齡定為 15 歲的大多是北
歐地區的國家；而大多數把最低刑責年齡設立到 7 歲、8 歲和 10 歲
的國家則多受英國普通法所影響。香港在 2003 年將最低刑責年齡
從 7 歲提高到 10 歲，符合上述趨勢（Cipriani 2009: 109）。

　　國際上討論最合適的最低刑責年齡時大多受道德恐慌所影
響，尤其是由青少年犯下的殘忍罪行所引起的道德恐慌（Cohen
2002〔1972〕）。此影響被兒童殺害兒童的案件進一步強化。最
典型的案例仍然是英國社會如何回應 2 歲兒童 James Bulger 被兩
名 10 歲兒童殺害的案件（Hay 1995; Haydon & Scraton 2000; King
1995）。Bulger 謀殺案發生後，譁眾取寵的新聞報道和公眾對罪案
的恐懼，迫使當局用更加嚴苛的態度回應青少年犯罪。英國原先
對於兒童無能力犯罪的推定（Doli Incapax）在 1998 年通過的 *Crime
and Disorder Act* 中被廢除，兒童從此需要對自己所犯下的罪行負
責（Muncie 2008）。這些案件對國際間青少年犯罪的討論有很大
的影響，如許多國家的政客會因面對巨大社會壓力而要求降低最
低刑責年齡，他們指出降低最低刑責年齡能讓青少年犯事者對其
所犯下的罪行負責，並容許一個合適的司法程序作出回應（如加
拿大、德國、芬蘭和荷蘭）。例如在日本，儘管沒有足夠證據證明
罪案率，尤其是青少年罪案率惡化，日本亦在 2007 年將最低刑責

---

2. Cipriani（2009: 109）很快指出把最低刑責年齡訂於0歲的國家不是有刑事檢控嬰兒
和幼童的傾向；而是他們只是沒有明確訂明排除刑事責任的最低年齡。

年齡從14歲降低至11歲（Cipriani 2009: 101, 120–22; Fenwick 2006, 2013）。Cipriani（2009: 129）認為：「單單快速修改最低刑責年齡，而沒有深入地改變深層次的兒童權利文化，似乎難以有效回應同樣快速變化的人們對罪案的恐懼。」

香港的殖民地歷史以及地理上與中國內地的聯繫，讓香港的青少年司法制度改革，不但是「西方」與「東方」的比較（這比較本身已是過分簡化），更要與其他亞洲國家相比，如一些青少年犯罪議題已被政治化（Muncie 2005: 40; Chen 2010; Fenwick 2006）的亞洲國家。2003年將最低刑責年齡從7歲提高到10歲時，社會多因它與國際兒童權利公約接軌而視之為進步，並且以此證明「拯救兒童」這福利模式的青少年司法制度依然被重視。我們並非否定此看法，但亦認為這個在2003年的改變同時是為了加強由中國內地委任和支持的香港特別行政區政府的合法性。在我們檢視這些改變之前，應先回顧殖民地時代那些相似但並未帶來最低刑責年齡改變的討論。當我們在時代巨輪下審視支持和反對的論點時，會將焦點放在公眾諮詢的時機和因政治需要而對討論保持沉默的做法，從而論證刑罰精英式的管治方法在後殖民地時代仍然存在。

香港殖民地時代對於提高最低刑責年齡的討論

在2003年實行《少年犯（修訂）條例草案》前，香港的最低刑責年齡是7歲。根據英國普通法的傳統，7至14歲的青少年受可推翻的「無能力犯罪推定」（Presumption of Doli Incapax）所保護，即是當兒童被控嚴重的暴力罪行時，檢控方有絕對的舉證責任證明他們有罪。對7至14歲的青少年，檢控方只可以「在無合理疑點下證明他不但在有犯罪意圖（Mens Rea）的情況下導致一項犯罪行為（Actus Reus），並且知道該行為不僅是頑皮或惡作劇的，而是『嚴重不當』的」時，才可推翻此推定（香港法律改革委員會 2000: 2）。這一個建基於1932年所訂立的《少年犯條例》的制度，其實是借鑑了英國的司法系統，一直到2003年才有所改變。

上世紀60年代末期動亂後對於最低刑責年齡的討論

上世紀 60 年代末的動亂引起了社會對改變最低刑責年齡的討論。社會上對青少年犯事者的關注大大提高，不同的社會改革、懲教制度和系統如雨後春筍般湧現，從而令到青少年能重新融入社會，且在過程中為他們灌輸公民意識及身份認同，同時加強政府執政合法性（Cooper 1970; Cheung 2009；亦可見於第四章）。鑑於這些動亂，1968 年時任首席按察司（現稱首席大法官）成立了一個工作小組去檢視整個青少年司法制度的程序，並為整個系統提出建議（Attorney-General Denys Roberts, *Hansard* 1973a）。這個工作小組首次嘗試修改法律，在 1973 年提出《少年犯（修訂）條例草案》。這一草案在立法局經過了官守和非官守議員的辯論（關於立法局的架構與英國、加拿大等地的議會機構的分別，請見第二章），它首次提議將香港的最低刑責年齡從 7 歲提高至 10 歲，更提出在香港島和九龍半島設立少年法庭，指定一名常任裁判官主理青少年案件。為保護青少年的身份不被公開，審判應採取內庭聆訊，並拒絕傳媒採訪。

在上世紀 70 年代初，對青少年暴力罪案不斷上升的關注日益增加。政府在 1973 年年報指出「鑑於青少年犯人採用暴力的日多」，教導所的需求不斷上升（香港政府 1973: 103）。但是整體來說，年報嘗試淡化青少年罪案率上升的影響，並寫道：

> 雖然參加三合會的青年人日見增多，但年內青少年所犯罪案，在形式上並無重大改變，其中仍以盜竊財物佔大多數，達所犯罪案百分之八十二。目前犯罪的青年人，主要仍屬16至21歲的居多。

（香港政府 1973: 96）

在立法局內，低於最低刑責年齡的青少年犯事者被視為需要照顧和保護的受害者，特別是因為他們容易被較年長的罪犯操控。隨着青少年暴力罪案日漸上升，加上公眾聚焦在較年長的青少

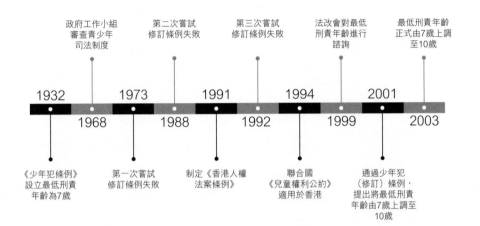

圖5.1 香港的最低刑事責任年齡——重要事件

年，非官守立法局成員在公眾意見引導下更關注年輕犯事者所受的傷害（Victimization）。儘管如此，當時只有少數人支持提高最低刑責年齡。非官守立法局成員胡百全先生在代表整體非官守議員時，就最低刑責年齡從7歲提高至10歲指出：

> 有鑑於現今香港的情況，有關建議是最不可取的。現時對於7、8或是9歲的兒童是否有能力且有意圖去犯罪仍有相當爭議。但撇除上述問題，我們承認這些歲數的兒童是能夠被罪犯操控去做一些非法的事。立法局成員應該記得，之前有報告指出有騙子利用兒童去運毒。而提高最低刑責年齡就正中這些犯罪分子的下懷，他們會利用這些沒有刑事責任的兒童去獲利。我和其他非官守議員都認為最低刑責年齡至少在現有的情況下應保持不變
>
> （P. C. Woo, *Hansard* 1973b）

對上述論述，當時的律政司羅弼時同意地回覆道：「有鑑議員有所憂慮，政府將不會反對他在委員會審議階段內對該議案的修訂」（*Hansard* 1973b），最低刑責年齡繼續維持在7歲。

官方報告和學者並沒有深入研究為何第一次嘗試提高最低刑責年齡會遭受失敗。在2000年關於香港最低刑責的研究報告中，法律改革委員會（法改會）對1973年的改革失敗表示關注，並且隨便地解釋道：

> 因為當時的看法是未滿10歲的兒童在年紀方面亦足以受不良分子操縱而為非作歹。此後，要求改革的壓力雖然未有止息，但香港的刑事責任最低年齡仍然維持在7歲。

> （香港法律改革委員會 2000: 6）

沒有改變的另一個原因在於公眾意見和對青少年犯罪的回應大多聚焦於較年長的青少年人或者較年輕的成年人身上，特別是那些有參與上世紀60年代末暴亂的人；當政府去推動一個廣泛的公眾諮詢時，她很理所當然地聆聽更多非官守議員的意見。我們在上一個章節中曾經描述政府的政治精英如何回應公眾及非官守議員的意見，很大程度上是取決於當時的政治大環境，即維持執政合法性和社會秩序的需要。我們並非不同意對7歲以下兒童的「純真的概念」（Frame of Innocence）令到最低刑責年齡維持在7歲，只是希望指出當時正在進行的一些廣泛針對較年長的青少年犯罪的措施，令修改青少年司法制度的政策被視為政治上不便利亦可能是最低刑責年齡維持在7歲的原因。

1997年回歸前有關最低刑責年齡的討論

1988年出現了另一次對最低刑責年齡的重大討論，這可能是因為在1982年，中英兩國為1997年香港主權交接簽訂了《中英聯合聲明》。1988年，部分諮詢會從青少年罪犯問題常務委員會和撲滅罪行委員會（負責向政府建議防止和減少罪案方法的委員會）中獲取意見：它們大多建議把最低刑責年齡訂為7歲。這傾向一直維持到上世紀90年代。1992年7月，香港大律師公會致函時任律政司馬富善，邀請政府重新檢視最低刑責年齡。馬富善在同

年10月的回信中指出，1988年不去提高最低刑責年齡的協議作為先例依然有效。他如此認為：

> 在顧及多項因素後，當時檢討該問題的時機尚未成熟。這些**因素包括本港犯罪率上升所引起的關注**、少年人較易受黑社會影響和容易染上惡習（例如濫用藥物及使用暴力）的事實、大部分10歲以下的少年犯法者仍然只在警司警誡計劃下受到警誡的事實，以及當時保安司及警方的看法。

> （香港法律改革委員會 2000: 12 引文加入強調的標記）

當我們重新檢視公眾諮詢的論述和關注時，我們可以看到香港市民一般會關注較年長青少年人的犯罪行為，他們亦認同維持當時的最低刑責年齡。他們會視低於7歲的犯人為受害者，並且需要保護他們免受罪犯所害。

上世紀80年代末和90年代初社會上出現修改最低刑責年齡的動力，很大程度上與1982年中英簽訂的協議，即香港須在1997年回歸中國所引發的社會與政治改變有關。在1984年的年報當中，殖民地政府樂觀地表示：

> 有信心，認為這份協議提供了關於香港前途所需的保證，使香港能夠繼續繁榮和維持在世界上作為主要的貿易和金融中心的獨特角色……協議預料到將來必然會有變遷，為了應付未來的變遷，協議規定了本港社會各種基本制度都可以繼續保持。協議已消除1997年限期所引起的疑慮。這是兩國政府今天為將來作好安排方面，在盡可能範圍內所能做到的事。

> （香港政府 1985: 14–15）

但是正如 Ian Scott（1989: 173, 208–9）的紀錄一樣，政府只是「表面上」諮詢了公眾對主權移交的意見，實際上英國很直接地忽略了公眾對該計劃的關注或反對聲音。雖然立法局的架構在上世紀80年代中期有所修改，但是這些改變很多時是表面功夫，並且會於《基本法》在1997年引入後被新特區政府廢除（Ma 2007: 60）。1984年，有些立法局議員可以用間接選舉的方法進入立法

局,然而在1988年,中國政府極力游說香港官員不要繼續引入直接選舉(Scott 1989: 285)。正如Scott (1989: 285)寫道:「由於中國政府可以簡單地將她想見的條例寫進《基本法》,在選舉中投票或者表達意見顯得十分無意義,香港政府對此十分無力。」

而在1989年6月4日支持民主的學生運動被北京當局血腥鎮壓後,香港的不安情緒大幅上升。當時公眾害怕類似事件會在香港回歸後出現(Jones & Vagg 2007: 480)。在1990年《香港年報》的前言中,當時的港督衛奕信如此寫道(論調一如以往,把焦點放在香港突出的經濟表現):

> 在中國發生的不幸事件中,使本港深感不安:透過電視的影響,這種感覺更為直接。在當時和事後,已有不少人談論過些事件。我現在不打算再說些甚麼。對我們來說,重要的是在中國所發生的事件,使人們對香港前途的安排更感關注。這種情況,從申請移民的人數顯著增加,以及市民廣泛爭取居英權這兩件事,可見一斑。此外,各界人士對立法機關直選的正確發展步伐,有更熱烈的討論;又有人要求早日制定人權法案。同時,各界人士亦重新詳細研究基本法(草案)。儘管政治上出現不明朗和令人不安的情況,但本港的經濟仍然欣欣向榮。

> (香港政府 1990: 4)

民意調查戲劇性地顯示公眾對政府的看法開始有所改變。一份在1989年1月進行的調查顯示,75%的受訪者對於未來感到樂觀,另一份在慘劇三個月後所作的調查顯示,對未來感到樂觀的人跌至52%。另一個在再一個月後進行的調查顯示,70%的受訪者沒有信心北京政府不會在回歸後插手香港事務(Tsang 2004: 247–48)。正因如此,1991年草擬的《香港人權法案條例》,是為回應外界對香港會否「內地化」的擔憂(見第二章)和以保障香港市民的人權(香港政府 1990: 11)為目的。人權法案包含了《公民權利和政治權利國際公約》的條文。雖然在聯合聲明中亦有條款保障香港人的權利和自由,但是在1989年6月之後就被認為保護十分不足(Tsang 2004: 250)。

　　這與國際人權標準接軌的動作明顯用以回應政府執政合法性和公眾恐懼，同時亦將本港青少年司法制度和國際兒童權利相連接。因天安門慘劇所產生的恐懼，讓香港在1994年通過1989年制定的聯合國《兒童權利公約》，使其在香港生效。從此，立法局討論最低刑責年齡時，便建基於全球化和兒童權利之上。

　　於1994年創立民主黨的李柱銘先生向政府查詢涉及刑事程序的7至16歲青少年的人數時，表達了這樣的觀點：「香港是世界上年幼至7歲的小童亦可被判刑事罪名成立的寥寥幾個地方之一。」（李柱銘，《香港議事錄》1994）。當時的保安司在回覆中列出了1991年至1993年的數據，這些數據並沒有明顯展示任何趨勢。無論是整體來看，還是集中觀察最低刑責年齡以下的青少年，有關數據皆沒有展示任何清晰的青少年犯罪趨勢。儘管如此，李柱銘如此回應：

> 　　主席先生，英國的法例規定年滿10歲的人士才須負刑事責任，請問政府會否考慮把須負刑事責任的年齡由現時的7歲提高至起碼10歲？若否，原因何在？

　　保安司的回應引用英國以外的國際趨勢和對低於最低刑責年齡兒童的「純真的概念」（Frame of Innocence）（Kappeler & Potter 2005: 24）：

> 　　主席先生，當局以往經常研究這個問題，並曾徵詢青少年罪犯問題常務委員會及撲滅罪行委員會的意見……我亦知道英國所訂的有關年齡為10歲，但這並不一定表示有許多其他國家要把有關年齡訂為7歲以上。提高須負刑事責任的最低年齡與否，向來眾說紛紜，而當局在衡量各方面的意見後，認為大多數的意見都是支持把有關年齡維持在7歲。

（《香港議事錄》1994）

　　在李柱銘先生幾番追問下，保安司指出「有證據顯示犯罪集團……利用小童及青少年犯法，所以當局認為提高須負刑事責任的年齡只會令罪犯進一步利用青少年進行犯罪活動。」他接着提到

兒童的心智及身體發展，認為其「發展速度比從前有過之而無不及」，很多兒童在 7 歲或更年長時「能分辨是非，他們便應該對自己的行為負責。」最後，保安司指出「有一點很重要」，而這在日後爭論中亦是焦點所在，就是在現有的法律條文下，政府會照顧和保護低於最低刑責年齡的兒童，所以「倘年齡介乎 7 至 10 歲或 12 歲的小童毋須負刑事責任，則本港的法律在某些層面上便可能會出現不能銜接的情況。」當時立法局的辯論如此地進行着，非官守議員繼續詢問有關低於最低刑責年齡的兒童所犯的罪行，並以歐洲和澳洲等地訂立的最低刑責年齡作為國際標準提出問題。保安司續指出，最低刑責年齡提高後法律上將會有缺口，同時提到官員（即那些政治精英）對自上世紀 70 年代一路走來的社福系統有信心，相信它能夠有效協助低於最低刑責年齡的犯事者，他們亦相信青少年司法制度能有效處理這些犯事者。而保安司的論述不斷強調這些論點：

> 大多數年齡為 10 歲以下的少年犯其實並沒有遭檢控，他們絕大部分都會按照警司警誡計劃受處分，這種情況在過去三年來均約佔 70%。

> （《香港議事錄》 1994）。

　　儘管立法局裏不斷重申國際趨勢和有關年輕罪犯受年長罪犯控制的論點，1994 年的爭論並沒有帶來改變。這可能因為殖民地政府不希望在 1997 年回歸前的最後幾年中通過修改最低刑責年齡，故一如上世紀 70 年代那樣維持現狀。更可能的是，當時殖民地政府忙於與北京當局討論其他相對更廣泛和重要的政治議題。考慮到當時的港督彭定康大力推行大規模且快速的政治改革，為北京增添了不少煩惱（Jones & Vagg 2007; Ma 2007），若果當時有多點時間處理，可能最低刑責年齡在 90 年代中期就已經被提升了，令香港跟上國際的步伐。

後殖民地時期青少年司法制度改革最低刑責年齡——刑罰精英主義和管治能力

1997 年回歸後，執政合法性的問題繼續困擾着香港政府。在（不受歡迎的）董建華的領導下，圍繞着《基本法》下「1997 年後民主進程倒退」（Ma 2007: 6–7, 102）這議題，香港陷進「嚴重的管治危機」。到了 2004 年，還是只有一半的立法會（前稱立法局）席位是由直選產生，而行政會議的議員更全部都是內部委任而不是選舉產生。對於推動民主發展的活躍分子（Democratic Activist）來說，香港的政制發展正在開倒車。

除此以外，1997 年的亞洲金融風暴令香港政府更要透過有效施政以建立執政合法性的需要。如果執政合法性並不是透過市民投票、參與選舉（由程序所產生合法性）而產生的話，便必須透過早於 1989 年起使用的與公共部門有關的「新的合法化方程式」，即強調管治的效率和成果（由成效中所產生的合法性）（Ma 2007: 28; Alagappa 1995a）。在這系統下，「有效率提供的社會福利」及「好表現」為執政合法性的指標，並且實實在在成為「真正民主化的替代模式」（Ma 2007: 29, 61）。重要的是，Ma (2007) 同時強調後殖民地時期的特區政府受 1991 年制定、依然生效的《香港人權法案條例》所制約，因而難以違反反歧視和平等機會原則。《香港人權法案條例》中「規定香港所有法律應該遵守列於《公民權利和政治權利國際公約》中的主要人權條款」。香港政府亦可預料到在這時向聯合國人權事務委員會提交人權狀況報告的話，會遭聯合國的批評和引來國際間的負面關注，因為香港當時未有正式就國際人權公約立法。同時，Jones & Vagg (2007) 注意到回歸不久後，國際評論員開始更加留意香港監獄的情況。他們如是寫到：

> 香港需遵守國際標準某程度上是因為中國的監獄情況在外國聲名狼藉，同時亦因為香港作為國際社會的一分子，人們希望他們是同路人，有着相同的目標和文明的行為。

> （Jones & Vagg 2007: 591）

　　對國際撰寫的觀察報告的關注很自然地從香港的懲教制度延伸至青少年司法制度，包括相對較低的最低刑責年齡的問題。

法律改革委員會的諮詢工作和其報告

　　也許因為政府需要維持良好表現及被要求要符合國際準則，有關兒童與最低刑責年齡議題才會在 1999 年開始廣泛諮詢，並於 2003 年修改法律把最低刑責年齡從 7 歲提高到 10 歲。在 1998 年，當時的終審法院首席法官及律政司司長呼籲「檢討有關刑事責任年齡及無能力犯罪推定的法律，並考慮所需作出的改革。」（香港法律改革委員會 2000: 1）。有見及此，法改會於 1999 年 1 月發表了一份諮詢文件，邀請各界提交修改法律的建議。這份收集各方意見的諮詢文件在不同組織（如分區撲滅罪行委員會和撲滅罪行委員會轄下的青少年罪犯問題常務委員會）都有被加以討論。大部分意見都支持提高最低刑責年齡（63 份支持；24 份反對），並認為新的最低刑責年齡最為適合訂於 10 歲（有 27 份；而 14 歲則為第二高的建議年齡，有 20 份）。就支持提高最低刑責年齡的建議而言，有 29 份支持繼續在新的最低刑責年齡和 14 歲間保留無能力犯罪的推定。

　　作為諮詢的一部分，香港城市大學受邀進行電話訪問，收集市民對香港最低刑責年齡的意見。大部分（89.4%）受訪者表示最低年齡應定在 8 歲或以上（香港法律改革委員會 2000; Chau-kiu *et al.* 1999）。稍微過半數（52.1%）的受訪者支持把最低刑責年齡提高至 14 歲（香港法律改革委員會 2000: 58）。有趣的是，只有小部分（6.9%）受訪者支持無能力犯罪的「舉證責任倒置」（reverse onus）到 7 至 14 歲的青少年人上（即辯方承擔舉證責任，證明為甚麼青少年應該被看成無能力犯罪）。這些結果可能表示一部分香港市民並不如政府和犯罪學家所想般，有意懲罰兒童或青少年犯事者（特別是考慮到最近有關為青少年司法制度引入復和司法的問卷結果，見第六章）。

其他機構亦就此議題進行獨立民意調查。作為本港主要應對青少年犯罪和邊緣化的機構，香港青年協會於1996年進行了一系列針對「意見領袖」（Opinion Leader）的質性調查和針對18歲以上的社會人士的大規模量性調查。大部分意見領袖支持將最低刑責年齡從7歲提高至14歲。但是59.7%的公眾反對提高最低刑責年齡。最常見的理由是兒童在7歲的時候已經可以分辨是非，並且有能力具備犯罪意圖（46%的受訪者如是認為），而且有40.1%的受訪者認為現有的系統行之有效（香港青年協會 1996）。表面上社會的分歧源於兩方面，一方是青少年司法制度的重要持分者，另一方是認為兒童可以具備犯罪意圖而支持維持最低刑責年齡不變的大眾市民。

法改會的正式報告於2000年出版（香港法律改革委員會 2000）。當中的章節包括總結國際上最低刑責年齡趨勢、支持和反對改革的論據，以及對法律改革委員會諮詢過程的回應和建議。這份報告強調香港與國際上最低刑責年齡趨勢接軌的重要性，並如此寫道：

> 這幾年間，不時在香港聽到源自本地或聯合國的呼籲，要求檢討不可推翻及可推翻的兩項無能力犯罪推定，所持理由一般是該兩項推定所定下的年齡下限過低，不切合現實情況，因此有違兒童及整體社會的利益。

（香港法律改革委員會 2000: 11）

那些提倡提高最低刑責年齡的人認為7歲是國際上使用普通法的國家和地區最低的最低刑責年齡。報告上如此寫道：

> 這些訴求在聯合國兒童權利委員會及聯合國公民權利和政治權利國際公約委員會中亦得到響應。這兩個委員會要求香港檢討這方面的法律，目的是使刑事責任最低年齡能鑑於《聯合國兒童權利公約》及《公民權利和政治權利國際公約》的原則及規定而得以提高。

（香港法律改革委員會 2000: 12）

　　這份報告總結了當時支持維持最低刑責年齡在7歲的原因：「將兒童受成年罪犯利用的情況減至最少」；「今日的兒童較為早熟」；「兒童再不需承受殘酷刑罰」；「防止養成慣性犯罪的行為模式」；「為較嚴重罪行的檢控而不可少」；「可推翻的『無能力犯罪』推定足以保護7歲至14歲的兒童」。報告中引述支持提高最低刑責年齡的最主要原因是7歲的兒童「太年輕，不了解其作為的嚴重性」；「要7歲兒童接受審訊並不公平」；「要兒童承受定罪的恥辱（Stigma of Conviction）並不適宜」；「其他司法管轄區的刑事責任最低年齡較高」；「教育的改善不一定保證兒童更善於分辨對錯」；「幼童原則上應免受檢控」；「幼童甚少犯罪」；「現時的最低年齡與其他保護兒童直至他們年滿21歲的法律條文不一致」；「已有足夠的其他選擇以代替刑事檢控」（香港法律改革委員會2000）。

　　經過廣泛諮詢公眾和青少年司法制度與社會系統持分者後，法改會最後總結建議將最低刑責年齡提高至10歲。它引述到「總體意見看來傾向於同意7歲兒童未能全面了解其犯罪作為的性質……事實上，牽涉到刑事罪行的幼童與其說是指稱罪行的犯事者，倒不如說是一名『受害者』更為貼切」。這份報告不只認為並沒有任何實質證據證明社會急需提防青少年犯罪：「我們不相信要幼童面對整個刑事法律制度是糾正幼童行為不檢的最有效或最合乎人情的做法」。報告續指出，把最低刑責年齡訂於10歲「不會與國際標準脫節」；且有「不少」受訪者支持。而對於較年長的罪犯會利用低於最低刑責年齡的兒童去犯事這一論點（而這論點在先前的意圖改革中具相當說服力），這份報告如是回應：「正確的做法必然是設立方法以制止或盡量減少這種不利情況」。法改會的報告同時對是否保留**無能力犯罪**的推定作結論。參照他們的諮詢結果，法改會認為大部分受訪者支持保留這可推翻的推定（這代表控方須證明界乎最低刑責年齡至14歲的上庭青少年有**犯罪意圖**）。同時，報告亦認為科學上並不可能有一條「楚河漢界」去劃分青少年有否能力明辨是非，因此應保留**無能力犯罪**的推定，從而將其作為

一項「『善意的保障』」（benevolent safeguard），以確保只有那些清楚知道自己的作為是嚴重不當的兒童才須面對刑事司法程序」（香港法律改革委員會 2000，引文加入強調的標記）。

國際主義和純真——越漸融和的論述與政治可靠性

　　法改會的報告用上很大篇幅將涉及罪案的兒童和青少年描繪成受害者，處理手法的重點則置放於如何照顧他們的社會和心理需要，而不是聚焦在他們的罪行上。不論他們犯上甚麼罪行，兒童和青少年都被報告寫成被包括在「純真的概念」內（Kappeler & Potter 2005: 24）。具影響力的社會服務機構都與法改會有相同的想法，因此他們要求更高的最低刑責年齡，例如防止虐待兒童會就極力提倡把最低刑責年齡提高至 14 歲。其報告消除了公眾以青少年犯罪率上升為由，要求維持最低刑責年齡在 10 歲的迷思，並且如此寫道：「罪案率看來有否上升其實在於你如何去理解那些數據」（Ip 2002）。儘管報告同意九個月大的兒童都能理解「好」和「不好」，它反駁道：

> 　　我們不是在談論簡單對錯，而是刑事責任……要求剛完成小學課程、正在踏入中學生涯的小朋友理解刑事司法程序的複雜性、為自己的未來作影響深遠的決定，並且同時要理智地給予他們的法律代表指示，這是不切實際的。較年長的青年人尚且會覺得困難，不用說是 10 到 13 歲的青少年……從我們處理過的虐待及疏忽照顧兒童的經驗中，兒童大多因為他們身邊，如家庭、學校和社區內的問題而作出脫序的行為。
>
> （Ip 2002）

　　然後，報告強烈反駁因害怕兒童被較年長的青少年所利用而支持保持當時的最低刑責年齡的論點。它反問道：「我們是否承認執法當局不能處理成年人罪犯的問題，所以要兒童作為被利用的受害者去承受一生的苦果？」報告因此認為將最低刑責年齡提高

至14歲是合理的,因為「10至13歲的青年人需要保護和更生,而不是囚禁」(Ip 2002)。

把青少年塑造成無辜的受害者其實也牽涉到新的國際主義與人權。例如香港兒童權利委員會支持提高最低刑責年齡至14歲,因為報告發現國際上的趨勢是把年齡提高至超過14歲 (Hong Kong Committee on Children's Rights 1999),然後透過認為青春期初期的青少年成熟有限的心理學和人類發展的理論去支持它的結論。香港兒童權利委員會繼續爭論道:保持較低的最低刑責年齡除了帶來恥辱,還會「讓小朋友與『罪犯朋友』越走越近,和有可能被三合會招募」,同時影響他們將來就業和升學的機會 (Hong Kong Committee on Children's Rights 1999)。與防止虐待兒童會的報告一樣,香港兒童權利委員會的報告反駁成年罪犯會利用低於最低刑責年齡的青少年去犯罪的觀點:「我們支持把這些利用兒童犯罪的成人列為罪犯,但是這決不是把兒童同列為罪犯的理由。它正正顯示兒童需要保護和關心。」再者,親民主派的成員,如民主黨的前主席李柱銘先生,希望把最低刑責年齡提高至14歲,因為這代表香港作為一個「國際城市」的地位。辯論期間,李柱銘先生說:「坦白說,在一個國際城市中,7歲的兒童便要負上刑事責任,確讓人家恥笑了很多年。」(《香港議事錄》2003)。而重要的是,這段時期開始,民主黨比建制派獲得更多市民支持 (Ma 2007: 132)。

同樣地,在2003年修改法律前的最後辯論,法案委員會 (Bills Committee) 時任主席吳靄儀女士認為把最低刑責年齡提高至10歲「是過於保守的做法,不能令現行制度有很大改善,亦未能為兒童提供更大保障。」(《香港議事錄》2003)。她提倡把年齡進一步提高至12歲,認為再成熟的兒童「亦不能完全理解其所犯過錯的後果和所涉及的刑事法律程序。」再者,她看到大部分12歲以下的兒童所犯的罪行「性質並不嚴重。」另一個委員會成員提到,當他們向社工提及把最低刑責年齡提高至12歲的建議時,社工對其有所保留,因為他們認為這樣會讓他們「憂慮沒有一個介入點」,即「因為沒有這項刑事檢控程序,他們 (社工) 便根本不能接觸到這些兒

童，不可進行日後的輔導工作。」對此，吳靄儀女士在這些爭論中特別指出其他青少年司法的替代方案，如在復和司法理念底下的家庭小組會議，對解決問題舉足輕重（《香港議事錄》 2003）。

政府最後堅決支持把最低刑責年齡提高至不超過10歲。儘管大部分法案委員會成員支持把最低刑責年齡進一步提高至12歲，時任保安局局長毫不含糊地回應：「政府反對有關修正案」（《香港議事錄》 2003）。在回應「本地社區」和聯合國的關注時，他同意「兒童及少年犯面對刑事檢控及被定罪的慘痛經驗，會打擊其自尊心，並會令其一生蒙上污點」，「這種污點與他一生伴隨，使他難以翻身，這種情況並不理想。」儘管如此，他根據統計數據的趨勢，指出1993年至2000年間，7歲或以下的兒童因犯罪被捕的數字「維持低水平」，但是對於高於10歲的兒童的犯罪數字，他說明道：「警方的統計數字顯示，10歲以下的兒童較少涉及犯罪活動，而兒童牽涉犯罪活動的數字由10歲起顯著增加。」保安局局長同時認為公眾諮詢的結果和共識都是不要把最低刑責年齡提高到超過10歲。他列舉了21個機構和個人的回應，14個（66%）回應支持把最低刑責年齡提高至10歲，並以此證明「社會普遍接受政府的修訂建議。」他同時提倡使用其他復和司法理念下的方法，如家庭小組會議去回應高於最低刑責年齡並有着「問題嚴重」的青年人。他如此認為：「家庭會議可確保多方面的專業人士如社工、教師、心理學家等，及早參與討論應就被捕兒童採取何種適當行為，為兒童提供最佳的協助」（《香港議事錄》 2003）。香港政府的立場保持不變。2007年，立法會議員向政府要求重新檢視最低刑責年齡，因為很多亞洲地區和國家如中國、台灣、澳門和日本都把最低刑責年齡從14歲提高至16歲。香港政府如此回應：「10歲、11歲、以及介乎12至17歲間的青少年罪犯人數一直頗為穩定（所以）……政府當局……暫時無意進一步提高刑事責任年齡」（《香港議事錄》2007: 7）。

有兩個相同的論述在1997年後是否改變最低刑責年齡的討論中越趨重要。其中一個主題就是把犯事時低於最低刑責年齡的

兒童視為社經環境的受害者,這主題融合於《國際人權公約》的理念。同時,反對把最低刑責年齡提高到超過較為保守的10歲,反映了一個與上述看法爭持的論述,即把超過10歲且犯下嚴重罪行的青少年犯事者視為更加成熟、更能具備犯罪意圖的能力的人,所以需要以正式的刑事司法系統回應。雖然執政合法性可輕易透過遵守國際標準和常規建立,但是透過將國際化與對兒童時期的純真和有限成熟度的論述融合,給了政府所需的可靠性和權力去提升最低刑責年齡,同時回復公眾信心及為現有行之有效的青少年司法制度帶來最少改變。

小結

2003年,最低刑責年齡終於從7歲提高至10歲。很多觀察員視之為回歸前萌芽的進步政治(Progressive Politics),以及非政府機構有效提升公眾對青少年社會福利權利和需要的認知的結果。回歸後,一個新的有關國際主義和人權公約的論述,尤其是與青少年和兒童犯事有關的論述,在提高最低刑責年齡的辯論中很快流行起來。這時期也被視為公眾諮詢日趨廣泛的新時代,回歸後的特區政府有可能基於公眾和社會機構的建議修改法律。Cipriani(2009: 113)形容1999年香港的程序為「不可思議的詳盡地」在2003年修改法律前「收集公眾和學術界的意見」。無可否認,這次公眾諮詢是受到香港立法認可的聯合國《兒童權利公約》所推動。聯合國兒童權利委員會(Committee on the Rights of the Child)(負責監察各國落實聯合國《兒童權利公約》的情況)在2004年發現「極大部分」國家的最低刑責年齡介乎14到16歲。兒童權利委員會隨後向最低刑責年齡定於10歲或以下的國家提出抗議,認為這樣「並不足夠」保護兒童(Cipriani 2009: 58)。

明顯地,這些國際壓力有其作用。1997年後的香港特區政府是一個缺乏廣泛公眾支持的新政體,有必要透過「合乎規範和表

現」去獲得執政合法性（Alagappa 1995b: 31；亦可見第二章）。提高最低刑責年齡某程度上是因為政府需要與國際人權公約接軌。Alagappa認為除了個人魅力外，政治權威可以從關鍵時刻的表現或國際支持建立（Alagappa 1995b: 31）。法改會於上世紀90年代後期的諮詢和在回歸後快速修改最低刑責年齡，明顯有其政治用途；我們亦可視之為香港政府對公眾諮詢和香港人政治參與的巨大改變的信號。

但是，我們並不認為2003年通過的青少年司法制度改革純粹因為更廣泛的政治考量（即徹頭徹尾為了滿足後殖民地政府對維持合法性的需要）。明顯地，所有持分者，包括法改會所提出的廣泛諮詢的參與者，以至提倡保障犯事兒童權利和需要的立法會議員和法案委員會成員，統統真誠地關注兒童及青少年犯事問題，不論他們贊成的是高於或低於最低刑責年齡。同時，我們亦可以視政府刻意提出低於最低刑責年齡的兒童為無辜的論述，是為達致融合國際主義和人權的論述，從而支持其政治和經濟目標。此外，官員在不同層面被一直沿用的着重紀律及福利並重系統所束縛，即結合重視紀律的懲教，青少年犯事者會實現更生（見第三章）。就算是如家庭小組會議，這類所謂的非正式處理方法都需要正式的青少年司法制度作為「啟動機制」。如此矛盾尤其在青少年司法制度並不少見（Adorjan 2009; Packer 1968; Robinson 2008）。

儘管如此，回歸後的公民社會團體繼續認為政府主導的「諮詢」實受其操控且不誠懇（Ma 2007: 131）。一名來自一間獲法改會和政府諮詢其對最低刑責年齡立場的機構的職員，懷疑政府官員收集公眾意見是否誠懇，並且如此對我們說：

> 我認為政府的諮詢方法實際上讓我們看不清事實……我認為……政府為了行政上的便利，從沒有聽到足夠的社群中的聲音……政府沒有在社群內主導討論，因此你沒有辦法知道他們的觀點。他們只是……當媒體報道某些案件才會回應。這是一個顯露他們觀點的機會。

（研究訪問）

　　這名職員同時表示，低於18歲的青少年從來都沒有被諮詢過對青少年司法改革的意見：

> 就算香港有簽署和確認聯合國《兒童權利公約》，我們從來沒有讓低於18歲的兒童和青少年參與（諮詢過程）。從來沒有。
>
> （研究訪問）

　　在一個討論期間，吳靄儀女士對箇中的政治過程有所保留，她問道：

> 法案委員會為甚麼曾召開7次會議，並且堅持了這麼久呢？我們唯一的原因是，這是唯一的機會，可讓立法會議員向政府施壓，以改善一些存在了很久的問題，便是應怎樣處理犯事兒童和青少年的問題。
>
> （《香港議事錄》2003）

　　她認為，「我們也注意到，其實這是我們唯一的機會，因為政府把這些事宜的優先次序排得很低。」（《香港議事錄》2003）。

　　在修改最低刑責年齡後的初期分析和評論都過去後，保安局局長從來沒有兌現重新檢視提高最低刑責年齡的承諾，這做法因而令社會對2003年修改青少年司法制度的樂觀情緒增加了懷疑的態度。同時，政府明顯缺乏對復和司法理念的推動；加上政府近期對有證據顯示日益嚴重的青少年性罪行的回應，讓公眾覺得回歸後任何嘗試令青少年司法制度的公眾諮詢和修改透明化，和以此為青少年謀取最大利益所作的舉動都是妄想。這些發展將會在接下來的兩個章節繼續探討。

參考資料

Adorjan, M. (2009). Discord and Ambiguity Within Youth Crime and Justice Debates. Doctor of Philosophy, McMaster University.

Alagappa, M. (1995a). "The Anatomy of Legitimacy," in M. Alagappa (ed.) *Political Legitimacy in Southeast Asia: The Quest for Moral Authority*. Stanford: Stanford University Press, pp. 11–30.

—— (1995b). "The Bases of Legitimacy," in M. Alagappa (ed.) *Political Legitimacy in Southeast Asia: The Quest for Moral Authority*. Stanford: Stanford University Press, pp. 31–53.

Aries, P. (1962). *Centuries of Childhood: A Social History of Family Life*. New York: Alfred A. Knopf.

Chen, K.-H. (2010). *Asia as Method: Toward Deimperialization*. London: Duke University Press.

Cheung, C. -K., Leung, K. -K., Ngan, M. H. R., Ma, K. and Chan, W. -T. (1999). Survey of Public Opinion on the Age of Criminal Responsibility in Hong Kong. Hong Kong: Department of Applied Social Studies, City University of Hong Kong.

Cheung, G. (2009). *Hong Kong's Watershed: The 1967 Riots*. Hong Kong: Hong Kong University Press.

Chui, W. H. (2006). "Avoiding Early Intrusion in the Lives of Children: The Need for Juvenile Justice Reform in Hong Kong," *Journal of Youth Studies* 9(1): 119–28.

Cipriani, D. (2009). *Children's Rights and the Minimum Age of Criminal Responsibility: A Global Perspective*. Surrey: Ashgate.

Cohen, S. (2002 [1972]). *Folk Devils and Moral Panics*. London: Routledge.

Cooper, J. (1970). *Colony in Conflicts: The Hong Kong Disturbances May 1967-January 1968*, Hong Kong: Swindon Book Company.

Fenwick, M. (2006). "Japan: From Child Protection to Penal Populism," in J. Muncie and B. Goldson (eds) *Comparative Youth Justice: Critical Issues*. London: Sage, pp. 146–58.

—— (2013). "'Penal Populism' and Penological Change in Contemporary Japan," *Theoretical Criminology* 17(2): 215–31.

Garland, D. (1985). *Punishment and Welfare: A History of Penal Strategies*. Aldershot: Gower.

—— (2001). *The Culture of Control: Crime and Social Order in Contemporary Society*. Chicago: University of Chicago Press.

Hansard (1973a). *Hong Kong Legislative Council Records of Proceedings, 31 January*. Hong Kong: Hong Kong Government Printer.

—— (1973b). *Hong Kong Legislative Council Records of Proceedings, 14 February.* Hong Kong: Hong Kong Government Printer.

Hay, C. (1995). "Mobilization through Interpellation: James Bulger, Juvenile Crime and the Construction of a Moral Panic," *Social & Legal Studies 4*(2): 197–223.

Haydon, D. and Scraton, P. (2000). "'Condemn a Little More, Understand a Little Less': The Political Context and Rights: Implications of the Domestic and European Rulings in the Venables-Thompson Case," *Journal of Law and Society 27*(3): 416–48.

Hong Kong Committee on Children's Rights (1999). *The Response of the Hong Kong Committee on Children's Rights to the Consultation Paper on the Age of Criminal Responsibility in Hong Kong.* Hong Kong: Hong Kong Committee on Children's Rights.

Ip, P. (2002). *Age of Criminal Responsibility.* Hong Kong: Against Child Abuse.

Jones, C. and Vagg, J. (2007). *Criminal Justice in Hong Kong* New York: Routledge-Cavendish.

Kappeler, V. and Potter, G. (2005). *The Mythology of Crime and Criminal Justice.* Long Grove: Waveland.

King, M. (1995). "The James Bulger Murder Trial: Moral Dilemmas, and Social Solutions," *The International Journal of Children's Rights 3*(2): 167–87.

Ma, N. (2007). *Political Development in Hong Kong: State, Political Society, and Civil Society.* Hong Kong: Hong Kong University Press.

Muncie, J. (2005) "The Globalization of Crime Control — The Case of Youth and Juvenile Justice: Neo-liberalism, Policy Convergence and International Conventions," *Theoretical Criminology 9*(1): 35–64.

—— (2008). "The 'Punitive Turn' in Juvenile Justice: Cultures of Control and Rights Compliance in Western Europe and the USA," *Youth Justice 8*(2): 107–21.

Packer, H. (1964). "Two Models of the Criminal Process," *University of Pennsylvania Law Review 113*(1): 1–68.

—— (1968). *The Limits of the Criminal Sanction.* Stanford: Stanford University Press.

Patenaude, A. (2006). "History of the Treatment of and Attitudes toward Children," in P. Preston and B. Sims (eds) *Handbook of Juvenile Justice: Theory and Practice*, Boca Raton: Taylor & Francis, pp. 3–30.

Robinson, G. (2008). "Late-modern Rehabilitation: The Evolution of a Penal Strategy," *Punishment & Society 10*(4): 429–45.

Scott, I. (1989). *Political Change and the Crisis of Legitimacy in Hong Kong.* Honolulu: University of Hawaii Press.

Spencer, J. W. (2011). *The Paradox of Youth Violence*. Boulder: Lynne Rienner.

Thorson, A. (1999). "From Parens Patriae to Crime Control: A Comparison of the History and Effectiveness of the Juvenile Justice Systems in the United States and Canada," *Arizona Journal of International and Comparative Law 16*(3): 845–71.

Tsang, S. (2004). *A Modern History of Hong Kong*. Hong Kong: Hong Kong University Press.

香港青年協會（1998）。《青少年問題研究系列（十六）：香港刑事責任年齡的研究》。香港：香港青年協會

香港法律改革委員會（2000）。《香港的刑事責任年齡報告書》。香港：香港法律改革委員會。

香港特別行政區政府（1973）。《香港年報》。香港：政府新聞處。

——（1985）。《香港年報》。香港：政府新聞處。

——（1990）。《香港年報》。香港：政府新聞處。

《香港議事錄》（1994）。香港立法會會議過程正式紀錄，6月22日。香港：立法會秘書處。

——（2003）。香港立法會會議過程正式紀錄，3月12日。香港：立法會秘書處。

——（2007）。香港立法會會議過程正式紀錄，7月4日。香港：立法會秘書處。

6

復和司法在香港發展的障礙

本章透過訪問各刑事司法系統中的
法律執業者、對公眾的問卷調查和政府報
告，探討在香港發展復和司法的阻力。另
透過追溯對復和司法的主流觀點和了解
這理念在世界不同地區的實行情況，尤以
青少年罪行為例，從而探討青少年對香港
「內地化」的恐懼。

　　鑑於本地文化表面上重視社群精神（Communitarianism）、家庭關係，以及提倡給予青少年犯事者結合紀律和更生的機會，不少人可能認為香港是一個以實踐復和司法代替刑事司法系統的理想地方。地理上，香港與日本接近亦可能加深了這個誤解；畢竟，正正是日本具復和司法精神的文化價值啓發了 Braithwaite 提出「重新融入的想象」（Reintegrative Imagination）（詳述如下）的理論（Braithwaite 1989）。可是，儘管不同本地學者和非政府機構持之以恆地作出嘗試，復和司法在香港依然未有寸進。正如 Lo（2012: 629）直接指出：「復和司法在香港的刑事司法系統內毫無地位。」

　　本地執業者和政府官員多歸因於資源不足、對現行有效的青少年司法制度有信心和難以要求受害人參與其中；犯罪學學者還會考慮到一個在第二章曾提及的因素——對香港「內地化」的恐懼。以下透過追溯對復和司法的主流觀點和了解這理念在世界不同地區的實行情況，尤以青少年罪行為例，從而探討上述觀點。儘管政府肯定公眾不支持，我們會嘗試透過現有調查和與青少年司法制度持分者的訪談，展示公眾支持引入復和司法的理據。過去幾年間，公眾意見被政府有系統地忽略，或者以對政府有利的方式被反映出來。儘管我們同意政府不乏理據保持原有制度，但政府的態度如此，是因為它需要透過現有的着重紀律及福利並重式青少年司法制度表現來維持其合法性，尤其當政府持續缺乏執政合法性（Alagappa 1995a；見第二章）。我們會嘗試以本書理論框架——即刑罰精英主義式的管治方法在回歸後依然相當普遍——來建立我們的觀點。

復和司法——定義與實踐

　　復和司法放眼法庭系統內不同的領域，它強調司法過程中不同的角色，如犯事者、家人、受害人和其他持分者的參與，希望犯事者可藉此為所犯之事補過，（理想地）獲得受害人（們）的寬恕

後，從而有機會重新回到社會，並對自己的所作所為感到羞愧和後悔（Braithwaite 1998; Marshall 1999）。Crawford & Newburn（2003: 19）認為復和司法正逐漸成為「在刑事司法系統及犯罪學的領域裏最重大的發展之一。」相比於傳統刑事司法程序和其他較為着重福利的方法，復和司法的程序可以為青少年提供一個更有意義的新方向，讓他們對自己的罪行負責（Marshall 1999）。理論上，復和司法被視為傳統「懲罰性」刑事司法系統和更生模式的「替代模式」；傳統刑事司法系統針對個別犯事者，且以報復性為主導（Bazemore & Umbreit 1995; Robinson 2008）。復和司法意念的出現打破了固有的「懲罰和救助」（Punishment vs. Treatment）的二分法，由於復和司法的目的是修復對每一個犯事者、受害人以至整個社會的傷害（Bazemore 1998; Zehr 1995），因此它亦被稱作「全面性的司法程序」（Holistic Justice Process）（Bazemore 1998: 769），它針對犯事行為本身，而不是犯事者本人（Braithwaite 1999）。雖然刑事司法系統在復和司法中的角色依然模糊，但有一定程度的共識認為，復和司法包含了一些刑事司法系統的核心特徵：專業法律人員較為次要並擔當監察的角色，對於受害人、犯事者和社區的重視和可以量度的結果，如持分者的滿意度（Ashworth 2002: 578）。復和司法嘗試以建立社會和諧及安全為目標的態度來處理罪案，並且以尊重、不輕蔑的態度對待一切牽涉罪案的人（包括受害人和犯事者），希望可以透過相互合作達到團結一致的目標。復和司法嘗試將所有的當事人集中起來，使他們能夠通過一起合作得出解決罪案的方案。有關解決方案能夠強化社會價值觀、賦予犯事者責任感，並容許受害人在司法程序內發聲和尋找協助。這理念的主旨在於修復傷害，不只是犯事者和受害人之間的傷害，更是他們所處社區內的傷害（Braithwaite 1999; van Ness 2005）。

現代的復和司法概念源於 1974 年在加拿大安大略省的受害人與犯事者和解（Umbreit 1998）。正當世界各國不斷尋找另類方法處理罪案，這理念在北美洲、歐洲、澳洲和新西蘭各地廣泛流傳。根據統計，世界上大約有 100 個國家有復和司法計劃處理罪案

（van Ness 2005）。2002 年 7 月 24 日，聯合國經濟及社會事務部通過決議，鼓勵不同國家在制定和實踐處理罪案的計劃時，採用復和司法的基本原則。這決議通過後，復和司法的發展更進一步。

復和司法的形式五花八門，有些會直接被收納於傳統刑事司法系統之下，其他則較為獨立，並在正式程序外發揮作用。其形式包括受害人和犯事者的和解，多用於土生土長的人身上（Fitzgerald 2008）。很多復和司法措施是為青少年而設，因為他們比成年人較容易矯正。有些措施直接連繫刑事司法系統，包括英國的違法青少年委員會（Youth Offender Panels）（Crawford & Newburn 2002）、新西蘭的家庭小組會議（Hayes & Daly 2003）以及於加拿大青少年刑事審判法中列出的青少年會議 （Hillian *et al.* 2004; Kenney & Clairmont 2008）。在美國，針對青少年的復和司法措施包括社區問責委員會（Neighborhood Accountability Boards）、和解小組（Peacemaking Circle）、家庭小組會議（Bazemore 2001），以及受害人和犯事者的調解會面（Mediation Sessions）（Presser & Hamilton 2006）。新西蘭是其中一個最早立法運用復和司法的國家。新西蘭 1989 年的《兒童、青少年與其家庭法》（*Children, Young Persons and their Families Act*）清楚列明會為使用於青少年犯事者的家庭小組會議提供法律援助（Maxwell 2005）。類似的復和司法替代方案亦在澳洲昆士蘭實行，如以青少年司法會議（Youth Justice Conferencing）取代檢控，並可用作法官對青少年犯事者判刑時的考慮（Chui *et al.* 2005）。Braithwaite（2001: 242）同時提倡在學校內設立由學校職員和社區人士組成的「青少年發展關注小組」（Youth Development Circles）。這小組從高中開始應用於青少年的生活，而非專注於特定罪行。東南亞國家最近亦開始建立復和司法措施。1994 年，新加坡引入家庭小組會議系統，並在 2001 年正式確立，而澳門亦在 2007 年引入上述會議。兩個地方都把復和司法措施聚焦在青少年犯事者身上（Lo 2012: 628）。

在香港，家庭小組會議已經在十年前引入，並且與現有的警司警誡計劃（Police Superintendent's Discretionary Scheme, PSDS）連

繫。家庭小組會議讓家庭有機會參與決策過程，並加強家庭對陷入法律糾紛的兒童的支援。這一模式容許犯事者和他/她的家庭，討論所犯罪行及相關補償受害人的計劃。受害人可以接受或者拒絕犯事者或其家庭所提出的建議。這計劃下的常見建議包括道歉信、社會服務、捐款到慈善機構、宵禁和參與輔導計劃。

從研究數據去檢討復和司法計劃的成效時，我們會看到結果相當正面。研究顯示，曾參與復和司法會議的青少年犯事者和受害人會比經歷傳統司法程序的人更滿意。受害人表示參與有關會議後，他們對犯事者的恐懼和憤怒減少，且更同情他們（Sherman & Strang 2003; Strang *et al.* 2006）。從刑事司法角度來看，復和司法的措施能夠成功減少重犯率（Latimer *et al.* 2005; Rodriguez 2007）。

在香港檢控的替代方案

本部分的簡略檢討並不是為全面檢討香港的復和司法發展建立基礎。不少研究均指出復和司法的正面成果，如全校性的反欺凌和受害人與犯事者的和解計劃（Adorjan & Laidler 2012; Wong 2008; Wong & Lo 2011; Wong *et al.* 2011）；但是，現有對待青少年犯事者的主要替代方案是警司警誡計劃。警司警誡計劃指的是以警司級以上的警員對犯事者作出警誡，取代傳統在法庭上的檢控（Lee 2009b；Lo 2005；可見第三章）。此警告必須符合數個要求：犯事者干犯罪行時的年齡必須在18歲以下；干犯的罪行必須為輕微；如果不作出警告，犯事者很有可能面對檢控；嫌疑犯承認犯罪，及犯事者的家長或者監護人同意使用警告。另一個相關因素就是受害人是否希望犯事者接受警司警誡。不過，受害人和犯事者不會在事前接受調解。

在接受警司警誡後，這些犯事者會被轉介到由社會福利署津貼的非政府機構，讓社工跟進情況並予以協助。其中一個例子就是在1994年開始的社區支援服務計劃（Community Support Service

Scheme, CSSS)。社區支援服務計劃需要犯事者自願參與,並獲得家長或監護人的同意。一個對這計劃所作的檢討發現結果好壞參半 (Lo *et al.* 2006)。一方面,檢討結果發現參與者極度滿意該計劃;但另一方面,有五分之一的參與者會繼續犯事,並且對自己造成的傷害置若罔聞。此外,家長的參與率低亦是一大問題。事實上,社區支援服務計劃「依然附屬於傳統的社工和輔導服務」(Lo *et al.* 2006: 17),並沒有讓受害人、受影響家庭成員和青少年犯事者參與決策過程。正因如此,整個計劃的成效受到挑戰。

另一個例子就是自 2003 年開始試驗,到 2007 年正式採用的家庭小組會議。在計劃內,受警誡的青少年的家長會與社工及其他專業人士會面,商討如何防止他們的子女再次犯事。2003年,政府委任香港城市大學研究海外不同地區應付青少年犯罪的手法,從而尋找適合香港的其他替代檢控方案 (Lo *et al.* 2003)。儘管該份報告建議政府引入家庭會議、強化青少年犯事者社會地位的方案,及以「社區為本」代替以監禁為主的懲處方式,但是政府決定除了家庭小組會議的試驗計劃外,未有採納其他建議。例如在一份政府報告內如是寫道:

> 根據對參加試驗計劃的主要相關人士所進行的意見調查,他們普遍同意家庭會議機制可達到既定目的,讓有關青少年、其家長和多範疇專業人士共聚一起,攜手合作,確定這些青少年的需要,以及針對該等需要制訂合適的跟進計劃。福利界普遍支持繼續推行家庭會議計劃,而當局也會按相關人士的建議,作出若干運作上的改善。此外,社署會繼續留意該計劃的推行情況,並在有需要時予以檢討。根據所得經驗,社署和警方均支持把計劃推廣至10歲以下兒童,並會訂定所需的行政及實施安排。

> (《香港議事錄》2005)

可是,這個計劃亦只有社工、青少年的家庭成員和受警司警誡的犯事者能參與討論解決問題的最好方法。相比其他復和司法措施,受害人並沒有參與會議;香港的家庭小組會議繼續結合刑事司法系統,僅應用了部分上述復和司法的原則。相比許多西方國家

更常於青少年司法制度中援引全面的復和司法措施，香港繼續依賴專業人士來處理青少年犯罪的事宜。

香港實踐復和司法的潛在利益

　　學術界及可接觸青少年的執業者都支持發展復和司法，紛紛指出該計劃的好處：受害人和犯事者之間和解、減少或修復傷害以及減少社區負擔（Braithwaite 1999）。在接受我們訪問的人士當中，學者和社工對復和司法的認識最深，有的更有排解青少年糾紛的經驗。他們大多支持在香港發展復和司法，但是律師、警察、檢控官和裁判官則相對較保守。

　　許多受訪者都對青少年更生的可能性感樂觀，尤其是談及復和司法計劃的可能性。一位立法會議員認為復和司法應該：

> 　　用以推廣並讓（青少年犯事者）知道一個信息：每一個人都會犯錯，而錯誤的最高刑罰會是監禁。不過政府會寬容⋯⋯因為16至17歲的青少年很容易走錯路⋯⋯所以我們應該給予他們機會改過，告訴他們甚麼是錯並要求他們改過；否則下一次他們會遭到懲罰。

（研究訪問）

　　有些受訪者同意更多持分者應參與有關過程，且應鼓勵家長扮演一個更主動的角色。復和司法的一個主要概念是家長的參與不只是支持犯事者，更能提倡家庭和諧。一名社工如是解釋道：

> 　　當家長參與其中，他們能夠清楚地瞭解案件的實情，從而更瞭解他們的子女⋯⋯我認為如果家長能夠參與，他們會明瞭子女的真正處境⋯⋯這同時也是一個強化家庭關係的機會。

（研究訪問）

　　這觀點與復和司法的原則相同，即不應只強調政府對犯事者的懲罰，而是讓不同的人，包括受害人和家庭成員參與其中。得到

了家人的支持，犯事者將更容易復原和重新融入社會。根據一些受訪者所提及，復和司法亦會讓受害人獲益，因為他們在傳統的刑事程序中沒有發言權。在香港現行的系統內，受害人獲得賠償的方法只有向犯事者展開獨立民事訴訟，或是按刑事法庭所頒的賠償令獲得賠償。復和司法能夠有效地結合案件中刑事和民事元素。一個執業律師如是說：

> 如果受害人希望得到犯事者的賠償，他/她則需要經過民事法庭的程序。這將會花上受害人很多的時間……受害人需要再投入雙倍的時間和精力到有關程序。如果復和司法可以開展，容許在同一程序中滿足兩個目標，那麼它相對上一定更有效率。

（研究訪問）

儘管受訪者都支持復和司法的理念和原則，但是他們同時承認在香港實行有難度。下文我們會列出幾位政府官員和受訪者對推行這理念有所保留之原因。有些犯罪學家認為，根本原因在於懼怕香港會逐漸「內地化」，例如害怕不同的意識形態和政治目的會滲入及破壞現有「一國兩制」的安排。

反對在香港採用復和司法的原因

除了認為香港在實行復和司法方面的資源和認識不足外，一個對推展復和司法感悲觀的主要原因是不願意推行一個較「冒險」的新系統以打破常規；再者，考慮到本地文化和青少年人常干犯的罪行時，亦對受害人的參與有所保留。

我們訪問過接觸青少年犯事者的法官和律師，他們都認為復和司法的協調，應被視為態度強硬，而青少年犯事者必須承認其罪行，並為此負責。換一句話說，復和司法一定不可以被視為寬容的另類處理手法，讓青少年犯事者錯誤認為不需為自己的所作所為負責。否則，復和司法的目的就不能達到。一個法官如是說：

> 我這樣說可能有點過時，但我比較喜歡香港現有的制度。世上沒有完美的系統，但我認為感化令和福利系統已經做得很好。這不是容易的事！如果真的推行任何復和司法措施，你們必須確保執行這系統的人並不軟弱怕事，不可以讓復和司法被視為一個較為寬容的選擇……應該說「你要不就按照我的指示準時來到我的辦公室，要不就回到法庭去」，而不是說「我給你另外一次機會，但不要再遲了」。

（研究訪問）

當一個律師被問及在香港引入復和司法的問題時，他也有類似的看法：

> 從法律的角度來看，我依然堅持錯就是錯；當一個人犯法，他/她就必須接受法律的制裁。

（研究訪問）

政府也表達了類似的看法（見下文）：現有「強硬」的着重紀律及福利並重系統不可以被其他較為「軟」的手法所影響。諷刺的是，這看法展現了人們對復和司法的運作缺乏認識，復和司法從來不是一個用以逃避懲罰的寬容選項，而是與正式系統同時進行，以提供一個集中於修補傷害而非懲罰的另類方案。必須承認的是，「懲罰性」的制裁「可能在達成修補及更生的目標時被削弱」，它們仍可以用來教育及「加強個人責任感，並強調一個人犯罪能傷害其他人」（Bazemore 1998: 792；Durkheim 1961）。簡單來說，復和司法的原則和實踐可以獨立與傳統青少年司法目標中的更生、阻嚇及防止再犯並存（Bazemore 1998: 797; Braithwaite & Mugford 1994）。

受害人參與的問題

其中一個引入復和司法的挑戰在於受害人的參與。政府文件認為現有的系統，如警司警誡計劃和家庭小組會議與海外的做法相近，「至於現行措施所缺乏的主要項目，或許就是受害者的參與。」（《香港議事錄》2006）。這些文件經常指出「青少年主要因

為干犯店鋪盜竊、雜項盜竊和襲擊等罪行而被拘捕。」，這類案件裏沒有一個單獨的受害人適用於復和司法中的互動程序（此觀點認為讓一個百貨公司的保安員作為「受害人」參與相關程序不會得出有效的結果）。第二個挑戰就是「就香港的文化而言，受害者和犯事者對於這類參與的接受程度」。

不少執業者也持有以上的考慮。一名退休的香港警員說：

> 這……只是我（對復和司法）的第一印象……我擔心受害人……如果我是受害人，我不能夠確定究竟犯事者是否真心想參與，還是他/她會在調解之後尋仇。這就是為甚麼我不覺得復和司法這麼好。
>
> （研究訪問）

兩個香港非政府機構的高級職員認為復和司法要在香港成功的話，它就必須適應及符合香港的情況。因為很多青少年在大型百貨公司犯下盜竊，他們之後會被要求向百貨公司寫道歉信，而不會與受害人面對面見面（研究訪問）。當一名社工被問到究竟復和司法在青少年社會工作中是否受歡迎或即將成為趨勢時，他們如此回應：

> 不，我不覺得它很受歡迎。對此，我曾稍微研究過……我認為我們需要獲得雙方面的同意（受害人和犯事者），而這是相當困難的……還有，大部分的案件都是店鋪盜竊。一方是犯事者，但另一方是百佳（一所扎根於香港的連鎖超級市場）。那我們是不是去要求店鋪經理參與呢？如果是欺凌和打架的案件……如果受害人和犯事者都是年輕人，牽涉欺凌或者打架，我認為我們可以這樣做。
>
> （研究訪問）

相似於店鋪盜竊的情況，另一名社工也認為「難以找到真正的受害人」，並且如此說到：

> 當然那青年可能想向受害人直接道歉。但是就算找到了受害人，受害人有可能不想與其合作。偷竊尚算輕微……但是就打架

或者引致他人嚴重受傷一類的案子而言，受害人很難可以再次面
對事件。

（研究訪問）

當被問及究竟受害人會不會在參與復和司法時再次受傷（Re-
victimized）時，有社工說：「對，他們有機會再次受傷」（研究訪
問）。

支持復和司法的學者不同意上述的看法，他們認為復和
司法是一個讓寬恕有機會出現的過程，而不是一個指令。正如
Braithwaite（2002: 15）所言：「要求或指望受害人原諒並不正確。
寬恕是一份受害人可以給予犯事者的禮物。當我們把這份禮物
變成責任，它的效果便給破壞了。」Bazemore（1998: 770）亦指出：
「復和司法並不是要把犯事者和受害人的權利置於對立面上。」
再者，不同復和司法的研究結果都指出受害人多數都不會懷恨在心
（Ashworth 2002: 586）。儘管國際間的執業者和學者也有相同的擔
憂，我們的受訪者也表達了一些根據香港的背景而出現的，及與受
害者參與有關的擔憂。一名香港警員如是說：

> 受害人在社區內不受重視……不少人受害於黑社會或者相關
> 的人士，我認為這讓人們十分、十分害怕。如果你居住在公屋，
> 你會知道誰是地方惡霸，然後你希望他們和你面對面共處一室時
> 能誠懇地向你道歉。我真的看不出這方法如何能成功。

（研究訪問）

在另外一個訪問中，一名高級警員對引入復和司法有所保留，
並且把它聯繫到面子問題，以及該如何處理一些青少年犯下與黑
社會有關的嚴重罪行：

> 我留意到（復和司法）……我不肯定它確切的措施，但我認
> 為香港的情況跟其他地方很不相同……在西方，面子的概念幾乎
> ……不存在。人們不會在意面子，但是中國人卻極度愛面子。所
> 以我很疑惑……你如何可以令犯事者道歉。道歉在他們眼中是丟

臉的行為。因此我……就是看不到它如何能在一個重視面子的文化下實行。我認為這概念很好，但……你如何讓人們相信參與其中不會失面子呢？……因為我經常在想，在一件案件內，如果那個要道歉的是一個黑社會成員，那會發生甚麼事情呢？受害人一定會擔心黑社會會找他報復，你怎麼可能説服他參與其中呢？

（研究訪問）

　　另一個有關受害人參與復和司法的問題，則與家庭互動和本地文化有關。正如上述所言，香港的文化表面上相當適合復和司法的發展。Wong（2000: 289）指出：「這（復和司法）似乎與中華文化中強調集體價值和恢復和諧的目標兼容，並且在文化上重視羞恥」（Cheung & Cheung 2010; Zhang 1995）。儘管未必與復和司法理念有關，Wong（2008: 28）發現：「中國對於調解的偏好深深植根在儒家的思想之中，因為儒家認為社會矛盾衝擊生活的自然秩序。」儘管對「本地中國文化」作出假設時需要小心，有些人認為儒家文化的滲透，尤其是對孝順這價值的提倡「導致青少年的問題大多會在家庭內解決，而人們對於進入正式的青少年司法程序會有所保留」（Traver 2002: 210；Lo 2012: 629–30）。Vagg（1998）引用Lau & Kuan（1988）的問卷調查，指出：

　　有證據顯示香港人認為家庭成員應該互相幫助，尤其是照顧年長的家庭成員，並且比較喜歡依靠家庭，而不是政府的協助。

（Vagg 1998: 249）

　　所以説香港傳統上，恥感（Shaming）和「恢復和諧」都是在家庭內進行，即是以內疚感作為工具，從而鼓勵日後循規蹈矩（Vagg 1998: 251）。即使「強硬的管教方式」（Coercive Parenting）也會被香港的青少年視為「另一種家長表達關心的方法，而不是社會控制和懲罰」（Cheung & Cheung 2010: 340）。一名退休的懲教處人員亦有與上述相同的看法；他指出家庭關係的緊密和與社區的關係截然不同：

> 在香港，我認為人們並不是……我該怎麼説呢，對別人並不很友善，或者會嘗試與其他人保持距離。所以香港並沒有很強的社區感覺，就算是住在同一座屋苑，你都不會去問候其他人，你不會知道誰住在你隔壁的單位裏面。
>
> （研究訪問）

因此，我們會依賴非正式的家庭網絡或者正式的司法系統：

> 所以，你要不就把事情收在家庭內，要不透過法官的命令去做社會服務或者道歉去補償你的罪行。
>
> （研究訪問）

香港「內地化」

最積極倡議在香港引入復和司法的人，亦承認實行時需要嚴謹和持續進行評估。正如 Wong（2008: 28）所説：「我認為我們不應該匆匆嘗試發揮復和司法的所有潛在好處。哪怕因為進度太慢被怪責，我們都應該去確保復和司法理念在一個公開、公平和公正的情況下實行。」學者同時警告政策轉換和太急速地把其他地方有成效的復和司法理念「搬字過紙式」在香港實行，將會有危險。例如 Ashworth（2002: 592）便警告倡導者，不要把復和司法「空降」（Parachuting）在「一個擁有截然不同的原則和做法的正式系統之上。」

Ashworth 指的應該是刑事司法系統的做法和程序。但是，當考慮到其他社會政治因素，例如香港「內地化」的憂慮時，整件事就變得更複雜。除了受害人的參與問題，以及改變現有着重紀律及福利並重式系統的問題外，學者還認為另一個引入復和司法的挑戰是香港對於「內地化」的恐懼及其對青少年司法制度的影響。「內地化」是指香港在實施政策時在政治上、意識形態上、法律上和經濟上日益依賴北京，同時伴隨更強的愛國主義和從屬關係（Lo 2007: 186；Lo 2012: 632）。根據 Wong（2000: 290），法律人士關注

「香港在回歸後，共產黨當權的中國內地一些含糊的刑事司法系統的做法會否擴展到香港，」並且讓他們傾向「對一些非正式的社會控制方法，如使用⋯⋯受害人和犯事者的調解會議抱住負面看法。」精確地說，在中國的司法制度內，無罪假設的概念並不存在，認罪者亦不會獲得法官輕判（Wong 2008: 16）。

中國內地對非正式處理青少年犯罪的方法所帶來的貪污問題，也引起了香港一些法律界人士的關注：「（復和司法）可能會讓刑事司法系統失去效力、導致濫權、鼓勵錯誤的修復，甚至可能製造出更大的不公義」（Wong 2000: 290）。1997年回歸後上述關注有增無減，亦因此導致法律界人士反對任何非正式渠道處理罪案的建議（Wong 2008: 16）。從這個角度去看，引入非正式的復和司法會弱化了香港在「一國兩制」下司法制度不受內地政府干預的承諾（Ashworth 2002: 582；Lo 2012: 640）。正如Lo（2012: 630）所寫到：「對內地常見的濫權問題的最好防禦就是繼續守護香港人珍而重之的法治精神。」

在討論復和司法和整個青少年司法制度時，受訪執業者沒有明確表示憂慮法治被動搖。假如內地化的確值得擔憂，這些擔憂可見於對香港政府提倡保持現狀、避免犯錯的做法的疑慮。事實上，政府在回應復和司法的報告中，不只帶出在香港實踐復和司法的悲觀情況，亦同時反映出刑罰精英主義式的管治和回應在香港根深柢固。

「少做少錯」──政府的立場

我們可以說政府之所以願意在2003年為青少年犯事者引入實驗性的家庭會議，實與1997年回歸後推行的公眾諮詢和「民主」參與有關。在第五章，我們為1999年提高最低刑責年齡提出了一個論點：政府需要透過廣泛的公眾諮詢以建立願意聆聽的形象，以回應坊間對北京不斷增加干預的懷疑，因此作出提高最低刑責

年齡的決定。2003年將最低刑責年齡從7歲提高到10歲之前,政府公開答允引入家庭小組會議計劃,而且日後會繼續審視提高最低刑責年齡對青少年犯事者和社會服務的影響。但只要家庭小組會議計劃繼續依附於現有的警司警誡計劃,加上缺乏受害人參與,那它就不會達到「復和」的作用。更重要的是,它的出現並沒有干擾到現有系統對青少年犯罪的既有回應。

相比支持家庭小組會議計劃繼續配合警司警誡計劃,政府報告持續表達對在青少年司法制度內實行更全面的復和司法計劃(如受害人的參與和減少與正式青少年司法制度的聯繫)的憂慮。這些報告以1970年代起一直沿用的論述(見第四章),如懲教與罪案控制的成功,解釋為何未有發展復和司法。除此之外,政府還假定公眾同意其對復和司法的看法,也假定香港的「文化」令到受害人的參與很難實行。2007年,政府一份最新的相關文件中談到是否應在現有的青少年司法制度中引入受害人參與的做法:

> 自2003年7月刑事責任的最低年齡由7歲提高至10歲以來,青少年罪行的整體情況一直十分穩定。18歲以下的被捕青少年人數大概在6,800(2005年)至7,900(2003年)之間,佔本港10至17歲的青少年人口百分之一。同時,被捕青少年佔整體被捕人士的百分比也由2003年的18.8%逐步下降至2006年的16.3%。有各式各樣處理犯罪青少年的措施,青少年罪行問題是受到控制的。
>
> (《香港議事錄》2007a: 4)

上述有關罪案受控的論述,是用以強調青少年司法制度有效運作,亦假定了受害人最終會反對復和司法:

> 儘管我們不能否定有少數受害者或可從受害者參與的會議中得到情緒舒緩,但特別在香港的文化環境下,受害者更有可能抗拒回顧不愉快的經歷,更不想因面對犯事者而要重新感受不幸的遭遇。受害者及其家人期望得到公平對待並非不合情理,而他們當中大多難以接受與犯事者會面可得到「治療」的機會。相反,他們或會認為這是對罪犯過於「寬容」,阻嚇作用不大。他們可能因其利益不受尊重而感到委屈。部分人更可能認為他們有壓力

要接受這過程，否則犯事者可能會埋怨他們不給予犯事者改過的機會。

（《香港議事錄》 2007a: 3）

再者，政府文件假定公眾意見與政府心目中的政策目標一致（在下一章有關青少年性罪行的討論中可見更多例子）。這報告基於對罪案控制有成效的論述，因而認為現有制度：

> 已揉合適當的阻嚇作用及更生的效果。除非可清楚證明有關做法對受害者及公眾有益處，否則，在刑事司法制度中引入受害者參與，可能向公眾發出錯誤訊息，以為犯事者事事獲得袒護。

（《香港議事錄》 2007a: 3）

儘管我們知道讓受害人參與復和司法程序中會有潛在風險，如承受「強制的同情心」（Compulsory Compassion）帶來的壓力（Acorn 2004），但由於政府未有確切收集公眾意見，這些論點僅為假設。相反，雖然持分者對此有所保留，但他們仍支持試行復和司法，並透過實證研究測試效用。始終，可能內地官員的看法會比公眾的看法更重要。誠如一名退休懲教人員就香港缺乏復和司法表示：

> 政府認為，既然現有系統運作良好，為甚麼還要有其他會讓中國懷疑的舉動……他們還相信他們現在在香港所做的依然有效，那為甚麼要去嘗試新事物、經歷大規模改變呢？所以，我認為在過去的十幾年，除了在一些關鍵的、生死攸關的政策議題上有考慮過這種新嘗試的可能外，政府並不考慮。

（研究訪問）

這位受訪者不只說明了政府需要透過有效的刑事司法系統去維持執政的合法性，而且這表現的受眾是中央政府多於是香港市民，因為中央會對任何嘗試改變《基本法》規定的制度起疑。同樣，一名任職於非政府機構的退休警員亦反思向政府提出新建議的難度。該名警員認為香港警隊並非真的反對復和司法，政府才是改革的最大阻礙，他認為：

警隊是其中一個最有遠見的部門。有些人認為它沒有遠見，但警隊相比其他部門仍是相對地有遠見。很多時候我們未能實踐（一個主意）……其實是因為我們未能獲得政府的支持，因為他們覺得……在我看來，他們視其為附加工作……且不符合他們的程序……你可以看出香港政府不喜歡改變。他們喜歡在危機出現後才對事情作出回應，遠超過認為應該這樣做的程度。香港政府並未在制止罪案或其他問題的方案上投放足夠的、長期的資源。它不是很有遠見。

（研究訪問）

若干受訪者提到缺乏資源是窒礙香港發展復和司法的實際問題。一名仲裁員說：

政府沒有錢，所以根本不可行。它亦沒有資源。每一個部門都在節流。創造這個系統需要資源，因為法律需要被修改，並需建立一個把關的機構……這些東西不會憑空變出來的；資源是必需的。

（研究訪問）

由於近年來政府盈餘都以百億甚至千億計，政府缺乏資源和金錢發展復和司法的說法值得商榷。就算真的缺乏資源，真正的問題其實在於政府嘗試避免尷尬和「丟臉」（尤其在中央面前）。一名立法會議員如是說到：

政府的確缺乏資源和人才。而「少做少錯」的原則則是一大障礙。

（研究訪問）

對「公眾不支持」的相反論據——
公眾支持和對復和司法表示樂觀的證據

政府不斷強調之所以不推行復和司法，是因為缺乏公眾支持：有些人認為作為將來的潛在受害人，會擔心在參與復和司法的過

程時繼續受害；有些人則支持維持着重紀律及福利並重式系統以及現有替代檢控的方案，如警司警誡計劃和依附其中的家庭小組會議。我們看不到香港政府嘗試就香港各階層間對復和司法的看法展開系統性調查。有關內地化的論點其實亦缺乏實質研究結果去支持，即是儘管我們廣泛關注北京在意識形態和政治上的滲透，但是這有否導致執業者對改革沉默不語？我們的受訪者對此存有許多疑問，但是對內地化的擔憂還是不及實施的問題顯著。

儘管受訪者會提及上述的關注，而且證據數量有限，我們還是可以找到強而有力的公眾支持。Lee (2009a) 最近的報告也許是近期唯一一個有代表性的報告，它評估社會大眾對應用復和司法在青少年犯罪的看法。電話訪問了 333 名隨機抽樣的受訪者後，他在報告中寫道：「大部分受訪者 (88.9%) 都支持在本地青少年司法制度內引入並實行復和司法原則」。重要的是，他研究不同獨立變量（Independent Variable）後發現，只有「教育水平」和支持復和司法的程度在統計學上有顯著聯繫，即是「教育程度越高的人會越偏向支持給予青少年接受復和司法的機會」。再者，他還發現「大部分受訪者」(63.4%)「同時支持使用懲罰和更生的方法去處置青少年犯事者」。有趣的是，這也許不只是支持復和司法作為「第三種方法」，同時繼續支持現有的着重紀律及福利並重式系統，如結合具阻嚇性的「刑期短、紀律嚴及阻嚇力大」式懲罰與更生模式。

政府的報告收集了青少年司法制度的主要持分者意見，從中也看到相當強烈的支持聲音。其中一份報告包括了為數不少的法律執業者一致支持（雖然程度不同）為本港青少年司法制度引入復和司法的意見。在報告中，司法及法律事務委員會主席吳靄儀議員提到：

> 對政府當局的下列回應表示失望——（a）只舉行了寥寥可數的家庭會議；（b）不會檢討刑事責任的最低年齡；（c）無意在青少年司制度中引入受害者參與；（d）不會全面檢討青少年司法制度。
>
> （《香港議事錄》2007b: 12–13）

　　不少執業者在報告中支持引入復和司法和實踐受害人參與。基督教香港信義會青少年自強計劃的何顯明先生認為，受害人的參與「可處理受害者及違法少年的情緒需要」。鄰舍輔導會東區/灣仔外展社會工作隊的蔡雁翎女士同樣認為，「部分違法少年本身亦受害於過往的遭遇」，「但在現行制度下，他們並無途徑」就着他們的罪行向受害人道歉[1]。其他人則建議加強現有做法，如香港社會服務聯會的陳鑑銘先生就持上述看法。香港家庭福利會的梁婉貞女士則認為，應探討「可否發展這復和措施（尤其是在學校內），而非將之擱置。」（《香港議事錄》2007b）

　　如上述所言，我們的受訪者亦對復和司法的潛在得益感樂觀，實行時可能會遇上的挑戰甚至能給予他們動力去把事情做好。至於復和司法的主流看法是樂觀還是悲觀的問題，會與政府執政合法性的問題扯上關係而這合法性又一直受到直接的挑戰（見第八章）。以另一種手法，如復和司法處理青少年犯罪，會無可避免地與更廣泛的社會政治問題聯繫在一起，特別是與中華人民共和國的關係。

小結

　　儘管有證據顯示有些執業者關心香港的「內地化」情況（Wong 2000: 290），但當思考復和司法的問題時，似乎不會有很多「前線」執業者會考慮如社會秩序及與中央的關係等一些更高層次的問題。不論讓青少年犯事者接受的是司法、懲教還是社會福利系統，執業者主要關心的是在香港實行復和司法時會遇到的挑戰和所需的資源。儘管我們認同「中國文化」對瞭解本地的恥感文化和家庭理念相當重要，但是香港官員之所以不願意實施復

1.　我們在下一章講述有關政府如何回應青少年性罪行時亦會提及這個的論點，即政府未有更深層次地考慮到青少年犯事者可能亦是受害者。尤其當政府已經假定公眾、刑事司法的執業人員和其他政策的持分者已經同意其做法。

和司法的原因，還涉及政治和法律層面的問題（Lo 2012: 630; Wong 2008: 14），包括香港「內地化」。當提及上世紀80年代和90年代的香港時，Jones & Vagg（2007: 561）認為「難以動搖青少年司法的主導理念以及這理念的支持者，如官員、青少年司法執業人士和司法機關。」Gray在描述回歸後的時期時也作出類似的評語：

> 任何對**現有行之有效，針對可能對社會穩定及財產帶來威脅的草根階層青少年的犯事者處理模式**的挑戰，並不會被新的香港特別行政區政府和中央認同。實際上，他們會被堅決地打壓！
>
> （Gray 1997: 201，引文加入強調的標記）

不過香港官員不慣常公開地進行打壓，他們更常進行貌似開放的諮詢和考慮，但是最終的決定與這些舉動無關。對他們來說最重要的是能夠維持社會的穩定和經濟上的繁榮。在後殖民地的《基本法》之下，另類政策很少有機會獲認真考慮。因此，一些政策替代方案，如復和司法的研究則變得「不太重要，因為不受政府青睞的政策不可能獲通過甚至被考慮」（Ma 2007: 132）。

最近十年的政府報告內充滿了刑事司法和防止罪案成功的論述（尤其是與着重紀律及福利並重式的青少年犯罪處理手法有關）。政府常以青少年犯罪現已「受控」為由，論證為何政府不去推行一個被視為「激進的實驗」（Radical Experiment）的復和司法理念。再者，這些報告塑造了支持保持現狀的公眾意見，尤其是支持以着重紀律的手法處理青少年犯罪。因為假定了公眾意見與政府的正式立場相近，政府有理由不去展開廣泛的諮詢，從而進一步強化現有的刑罰精英式管治模式。儘管有不少「被諮詢」的持分者支持讓受害人進一步參與刑事司法程序，政府保守謹慎的態度讓有關建議裹足不前。我們只能以港府與中央在後殖民地時代的社會與政治關係來解釋政府倉促地回絕了一個可能對受害人、犯事者和他們所處的社區有極大益處的計劃。

　　Ashworth（2002）發現國際上復和司法的其中一個目標是「取代國家的司法系統處理不同的罪行和犯事者。」有支持者認為，復和司法可以在一些政府的角色為「配角」（A Residual Role）的社會實行。作為一個正式司法系統的替代方案，復和司法加強了不同持分者在系統中的角色，但減低了政府本身於刑事司法系統中的主導力量和地位。在香港，由於青少年司法制度的發展與政府維持合法性和社會秩序的工作息息相關，引入復和司法對他們來說風險過大。

參考資料

Acorn, A. (2004). *Compulsory Compassion: A Critique of Restorative Justice.* Vancouver: University of British Columbia Press.

Adorjan, M. and Laidler, K. J. (2012). *Methodist Centre: Victim-Offender Mediation Impacts on Police Superintendent Discretionary Scheme's Youngsters—Final Report.* Hong Kong: Centre for Criminology, Faculty of Social Sciences, University of Hong Kong.

Alagappa, M. (1995a). "The Anatomy of Legitimacy," in M. Alagappa (ed.) *Political Legitimacy in Southeast Asia: The Quest for Moral Authority.* Stanford: Stanford University Press, pp. 11–30.

Ashworth, A. (2002). "Responsibilities, Rights and Restorative Justice," *The British Journal of Criminology 42*(3): 578–95.

Bazemore, G. (1998). "Restorative Justice and Earned Redemption: Communities, Victims, and Offender Reintegration," *The American Behavioral Scientist 41*(6): 768–813.

—— (2001). "Young People, Trouble, and Crime: Restorative Justice as a Normative Theory of Informal Social Control and Social Support," *Youth & Society 33*(2): 199–226.

Bazemore, G. and Umbreit, M. (1995). "Rethinking the Sanctioning Function in Juvenile Court: Retributive or Restorative Responses to Youth Crime," *Crime and Delinquency 41*(3): 296–316.

Braithwaite, J. (1989). *Crime, Shame and Reintegration.* Cambridge: Cambridge University Press.

—— (1998). "Restorative Justice," in M. Tonry (eds) *The Handbook of Crime and Punishment*, New York: Oxford University Press, pp. 323–44.

—— (1999). "Restorative Justice: Assessing Optimistic and Pessimistic Accounts," in M. Tonry (ed.) *Crime and Justice: A Review of Research*, Chicago: Chicago university Press, pp. 1–27.

—— (2001). "Youth Development Circles," *Oxford Review of Education 27*(2): 239–52.

—— (2002). *Restorative Justice & Responsive Regulation.* Oxford: Oxford University Press.

Braithwaite, J. and Mugford, S. (1994). "Conditions of Successful Reintegration Ceremonies: Dealing with Juvenile Offenders," *The British Journal of Criminology 34*(2): 139–71.

Cheung, N. W. T. and Cheung Y. W. (2010). "Strain, Self-control, and Gender Differences in Delinquency Among Chinese Adolescents: Extending General Strain Theory," *Sociological Perspectives 53*(3): 321–45.

Chui, W. H., Kidd, J. and Preston, C. (2005). "Treatment of Child and Juvenile Offenders in Queensland, Australia: Alternatives to Prosecution," in T. W. Lo, D. Wong and G. Maxwell (eds) *Alternatives to Prosecution: Rehabilitative and Restorative Models of Youth Justice*. Singapore: Marshell Cavendish Academic, pp. 171–205.

Crawford, A. and Newburn, T. (2002). "Recent Developments in Restorative Justice for Young People in England and Wale," *The British Journal of Criminology 42*(3): 476–95.

—— (2003). *Youth Offending and Restorative Justice: Implementing Reform in Youth Justice*. Cullompton: Willan.

Durkheim, E. (1961). *Moral Education: A study in the Theory and Application of the sociology of Education*, trans. E. K. Wilson and H. Schnuter. New York: Free Press.

Fitzgerald, J. (2008). "Does Circle Sentencing Reduce Aboriginal Offending?" *Crime and Justice Bulletin: Contemporary Issues in Crime and Justice 115*: 1–33.

Gray, P. (1997). "The Emergence of the Disciplinary Welfare Sanction in Hong Kong," *The Howard Journal 36*(2): 187–208.

Hayes, H. and Daly, K. (2003). "Youth Justice Conferencing and Reoffending," *Justice Quarterly 20*(4): 725–64.

Hillian, D., Reitsma-Street, M. and Hackler, J. (2004). "Conferencing in the Youth Criminal Justice Act of Canada: Policy Developments in British Columbia," *Canadian Journal of Criminology and Criminal Justice 46*(3): 343–66.

Jones, C. and Vagg, J. (2007). *Criminal Justice in Hong Kong*. New York: Routledge-Cavendish.

Kenney, S. and Clairmont, D. (2008). "Using the Victim Role as both Sword and Shield: The International Dynamics of Restorative Justice Sessions," *Journal of Contemporary Ethnography 38*(3): 279–307.

Latimer, J., Dowden, C. and Muise, D. (2005). "The Effectiveness of Restorative Justice Practices: A Meta-analysis," *The Prison Journal 85*(2): 127–44.

Lau, S. -K. and Kuan, H. -C. (1988). *The Ethos of the Hong Kong Chinese*. Hong Kong: The Chinese University Press.

Lee, F. (2009a). "Adopting a Restorative Approach to Young Offenders in Hong Kong: A Public Survey," *Contemporary Justice Review 12*(4): 469–83.

—— (2009b). "Social Welfare Department," in M. Gaylord, D. Gittings and H. Traver (eds) *Introduction to Crime, Law and Justice in Hong Kong*. Hong Kong: Hong Kong University Press, pp. 205–22.

Lo, S. (2007). "The Mainlandization and Recolonization of Hong Kong: A Triumph of Convergence over Divergence with Mainland China," in J. Y. S. Cheng (ed.) *The

Hong Kong Special Administrative Region in its First Decade. Hong Kong: City University of Hong Kong Press, pp. 179–223.

Lo, T. W. (2005). "Services for Young People and Juvenile Offenders in Hong Kong," in T. W. Lo, D. Wong and G. Maxwell (eds) *Alternatives to Prosecution: Rehabilitative and Restorative Models of Youth Justice*. Singapore: Marshall Cavendish Academic, pp. 257–78.

—— (2012). "Resistance to the Mainlandization of Criminal Justice Practices: A Barrier to the Development of Restorative Justice in Hong Kong," *International Journal of Offender Therapy and Comparative Criminology 56*(4): 627–45.

Lo, T. W., Wong, D. and Maxwell, G. (2003). *Measures Alternative to Prosecution for Handling Unruly Children and Young Persons: Overseas Experiences and Options for Hong Kong*. Hong Kong: Security Bureau.

—— (2006). "Community Support and Diversionary Measures for Juvenile Offenders in Hong Kong: Old Legacy, New Age," *Asian Journal of Criminology 1*(1): 9–20.

Ma, N. (2007). *Political Development in Hong Kong: State, Political Society, and Civil Society*. Hong Kong: Hong Kong University Press.

Marshall, T. (1999). Restorative Justice: An Overview. London: Home Office.

Maxwell, G. (2005). "Alternatives to Prosecution for Young offenders in New Zealand," in T. W. Lo, D. Wong and G. Maxwell (eds) *Alternatives to Prosecution: Rehabilitation and Restorative Models of Youth Justice*. Singapore: Marshall Cavendish Academic, pp. 206–35.

Presser, L. and Hamilton, C. (2006). "The Micropolitics of Victim-offender Mediation," *Sociological Inquiry 76*(3): 316–42.

Robinson, G. (2008). "Late-modern Rehabilitation: The Evolution of a Penal Strategy," *Punishment & Society 10*(4): 429–45.

Rodriguez, N. (2007). "Restorative Justice at Work: Examining the Impact of Restorative Justice Resolutions on Juvenile Recidivism," *Crime & Delinquency 53*(3): 355–79.

Sherman, L. and Strang, H. (2003). "Repairing the Harm: Victims and Restorative Justice," *Utah Law Review 15*(1): 15–42.

Strang, H., Sherman, L., Angel, C., Woods, D., Bennett, S., Newbury-Birch, D. and Inkpen, N. (2006). "Victim Evaluations of Face-to-face Restorative Justice Conferences: A Quasi-experimental Analysis," *Journal of Social Issues 62*(2): 281–306.

Traver, H. (2002). "Juvenile Delinquency in Hong Kong," in J. A. Winterdyk (ed.) *Juvenile Justice Systems: International Perspectives*, 2nd edn. Toronto: Canadian Scholars' Press Inc., pp. 207–34.

Umbreit, M. (1998). Restorative Justice through Victim-offender Mediation: A Multi-site Assessment. wcr.sonoma.edu/v1n1/umbreit.html (accessed August 2013).

Vagg, J. (1998). "Delinquency and Shame: Data from Hong Kong," *The British Journal of Criminology 38*(2): 247–64.

van Ness, D. (2005). An Overview of Restorative Justice around the World, Eleventh United Nations Congress on Crime Prevention and Criminal Justice, 18–25 April. Bangkok, Thailand: United Nations.

Wong, D. (2000). "Juvenile Crime and Responses to Delinquency in Hong Kong," *International Journal of Offender Therapy and Comparative Criminology 44*(3): 279–92.

—— (2008). "Advocating the Use of Restorative Justice for Misbehaving Students and Juvenile Delinquents in Hong Kong," in K. V. Wormer (ed.) *Restorative Justice Across the East and the West*. Taoyuan: Casa Verde Publishing, pp. 11–31.

Wong, D., Cheng, C., Ngan, R. and Ma, S. (2011). "Program Effectiveness of a Restorative Whole-school Approach for Tackling School Bullying in Hong Kong," *International Journal of Offender Therapy and Comparative Criminology 55*(6): 846–62.

Wong, D. and Lo, T. W. (2011). "The Recent Development of Restorative Social Work Practices in Hong Kong," *International Social Work 54*(5): 701–16.

Zehr, H. (1995). *Changing Lenses: A New Focus for Crime and Justice*. Scottdale: Herald Press.

Zhang, S. (1995). "Measuring Shamming in an Ethnic Context," *The British Journal of Criminology 35*(2): 248–62.

《香港議事錄》（2005）。香港立法會會議過程正式紀錄，8月。香港：立法會秘書處。

—— （2006）。香港立法會會議過程正式紀錄，12月。香港：立法會秘書處。

—— （2007a）。香港立法會會議過程正式紀錄，4月。香港：立法會秘書處。

—— （2007b）。香港立法會會議過程正式紀錄，6月22日。香港：立法會秘書處。

7

青少年與性罪行

本章審視香港有關青少年對兒童或者
其他青年干犯性罪行的新聞報道、政府報
告和回應，以找到更多有關刑罰精英架構
中政府與市民關係的證據。

香港有關青少年對兒童或者其他青年干犯性罪行的新聞報道、政府報告和回應，證明了香港採用了更廣義的刑罰精英式的管治模式（見第三章）。在這模式內，有關刑事司法系統的事宜都是由一個小圈子的精英決定。鑑於香港缺乏民主進程，這些精英不會像外國一些政客或者政府般需要直接回應公眾意見，尤其是改善公眾對青少年犯罪日益惡化的觀感（Green 2008; Fenwick 2013; Roberts 2003）。

在九七回歸後的頭幾年，一個經由北京同意及任命的新政權需展示其合法性，特別是在最後一任港督彭定康之後，香港人普遍擔憂民主進程會因新政權受阻（Jones & Vagg 2007; Ma 2007）。在第五章內，我們透過了解提高最低刑事責任年齡（最低刑責年齡）所引發的爭議去認識這一政治背景，包括1999年香港法律改革委員會就上述議題的廣泛諮詢（法改會是政府任命的團體）。該次諮詢最終使最低刑責年齡在2003年從7歲提高至10歲，這彷彿說明過去數十年一直採用的刑罰精英體制會逐漸淡出，取而代之的會是一個政府與市民有效互動的體制。儘管最低刑責年齡已經提高，但是香港依然保留着法律上無能力犯罪的推定（Presumption of Doli Incapax），在嚴重的青少年罪案中，如果控方希望犯事的青少年受到較嚴厲的刑罰，這推定要求控方需要證明該青少年具備與懲罰相稱的成熟度和犯罪意圖。如果無能力犯罪的推定未能應用於犯事青少年，該青少年就要負上完整的刑事責任。再者，對高於最低刑責年齡的青少年犯事者，許多人提倡使用一直行之有效的替代檢控方案，如警司警誡計劃。政府亦承諾繼續檢討最低刑責年齡以及進一步實施其他替代檢控方案，如家庭小組會議（但可見第六章）。

在第五章中，考慮到九七回歸後頭幾年的情況，我們認為提高最低刑責年齡的建議其實是用以滿足更大的政治目標：展示新政權會在「一國兩制」的框架和承諾下與國際常規接軌，並且維護法治（見第二章）。對最低刑責年齡的重新檢視卻未有發生，有可能是因為這項議題已經失去它的政治用途。政府不再有必要就這項

議題表現出有效回應公眾期望的一面。與這相關的，在第六章中提到政府沒有動力實行復和司法方案，用以替代對青少年犯事者的檢控，證明政府依然保持一個「維持現狀」（Status Quoism）的態度。由於現有報告不斷讚揚着重紀律及福利並重式系統的效率，復和司法這種較「軟」的替代方案因而只有很少的空間去被「實驗」（見第六章）。再者，進行公眾諮詢和對公眾意見進行實證研究的空間更加是少之又少，因為這做法可能破壞政府現行因管治表現良好而獲得的合法性（Alagappa 1995b）。

在政府就近年幾宗青少年被指控強姦其他兒童和青少年的案件所作的正式回應中，我們可以找到更多有關刑罰精英架構中政府與市民關係的證據。性罪行經常會挑戰「純真的概念」（Frame of Innocence）這一推定（Kappeler & Potter 2005: 24），即青少年犯事者也是需要獲刑事司法系統同情和寬恕的受害者。一份由法改會迅速發表的報告指出，這些性罪行案件值得警惕（Law Reform Commission of Hong Kong 2010）。報告審視當時依然有效的普通法推定：低於14歲的青少年不會被指控強姦和其他性罪行，因為法律推定他們無性交能力和相關的犯罪意圖。因此，這裏無罪假設就不能被推翻。法改會強烈地反對這推定，認為應通過立法將其廢除，並且指出這推定在英國和威爾斯、新西蘭和多個澳洲的地區等多個地區從未實施或是已經廢除。2011年6月下旬，香港政府應法改會報告建議，決定「盡快」在2011年12月前廢除這法律推定（Editorial 2011）。2011年，保安局如此地解釋其立場：

> 政府當局認為建議值得支持，並察悉建議**在社會上未有引起爭議**。我們將會修訂法例，落實法改會的建議，廢除該普通法推定。保安局正與律政司商討法律修訂安排，以盡快實施法改會的建議。
>
> （香港法律改革委員會 2011 引文加入強調的標記）

正式廢除普通法推定的法案《2012年成文法（雜項規定）條例草案》在2012年7月通過。

在這個背景之下，本章的目標就是細研這些方案，包括一些反對這些方案的聲音，並且指出政府沒有諮詢公眾就假定了公眾支持，以及實行這些方案的速度之快，都提供了更多證據論證政府回應青少年犯罪時採用了刑罰精英式的管治模式。此外，政府做法的改變，可能會破壞長久以來香港認為青少年犯事者其實都是受害者，可以在社會環境透過更生（儘管是着重紀律及福利並重式的方法）改過自新的想法。這些改變會與香港的青少年司法制度一同被探討，並且會置於國際青少年司法制度的趨勢，特別是有關青少年干犯性罪行的研究中去審視。到目前為止，香港成功避免挑戰對青少年犯事者和罪行使用懲教與社會福利並重的系統的成效（Allen 1981; Garland 1996）。不過，香港的官員也嘗試效法一些地區如英國，在回應青少年犯罪時使用極大程度的懲罰（見下文），這可能象徵在東南亞地區上一直有着較強更生和「拯救兒童」理念的處理手法的首個挑戰（Bullen 1991；Platt 1969；見第三章）。我們認為此嘗試的對象錯誤，並且可能引致不必要的後果，加劇青少年和兒童被定罪的情況，讓他們與法律系統的衝突更形激烈。

青少年性罪行案例

早於2009年，便有幾宗案件讓人不禁反思青少年性罪犯的刑事罪責。2009年6月，兩名13歲的男童被判非禮12歲女童罪成。因為當時的普通法推定14歲以下的男童無性交能力，所以就算其中一名男童明顯有與女童進行性交，亦只能被控以非禮而不是強姦（Law Reform Commission of Hong Kong 2010）。該名女童及後誕下因強姦而懷有的嬰兒。2009年9月，一份感化報告指出他的「自控能力差。」判刑的法官認為他不能忽略「對未成年女童犯下性罪行的嚴重性」，命令把男童送進教導所，因為「這樣會對其有阻嚇作用，並且反映社會毫不容忍其行為和對受害者及其家人的傷害。」（Fong 2009）。

2010年1月，八名青少年強迫一名14歲女童在遊戲期間與他們性交。判刑的法官認為「儘管法庭需要給予被告更生的機會，但是一個具阻嚇性的刑期對日後阻止悲劇再次發生是必要的。」其中三個16歲男被告之前曾被控強姦（Lee 2010b）。這案件可以說是最直接令法改會在2010年9月發表建議改革法律的報告。一名13歲的韓國籍男童因懷疑在公立醫院（一個混合病房內）與5歲女童性交而被捕。正如之前的類似案件般，男童因普通法中推定不具性交能力，因此被控非禮而不是強姦（Moy & Lo 2010）。

除了這些案件外，香港青少年性罪案的報告及數字亦不斷上升。其中一份聚焦在普通法推定的報告引用警方數字，指出在2010年的首六個月，「非禮的報案數字比去年同期的647宗上升了19.8%，至775宗」（Moy & Lo 2010）。《中國日報》的一篇文章指出，14歲以下兒童干犯性罪行的數字不斷上升，並增加到「平均每年有100宗」（Yee 2011）。《南華早報》亦有刊登類似的文章，指出2004年到2009年間，青少年為受害人的性罪行案件增加了一倍，而「成年人極少涉及其中」（But 2009）。文章中亦有提及涉及未成年女童的性罪行數字上升，「去年總共有256名男子因與16歲以下女童非法性交而被捕；2004年則只有175人。另外，去年有35名被捕男子被控與13歲以下女童非法性交。」一個匿名的警方消息來源對這個趨勢如是解釋：「性觀念開放鼓勵了年輕人在較小的年紀嘗禁果。」他認為「在一些案件當中，13至15歲的青少年因兩情相悅而發生親密關係，從而墮入法網。」這章節會展現青少年不同的性觀念。一些罪案如「非禮」或者「性騷擾兒童或年輕人」常被視為「因互相深愛着的小情人不能自已」（Spencer 2005）。

這些故事引起了政策制定者對於青少年罪行的關注，產生出對青少年罪案的恐懼感堪比上世紀70年代早期（見第四章）。這關注令人們進一步擔心香港青少年的價值觀和道德淪陷，最終導致法改會發表相關的報告。

香港法律改革委員會的報告

法改會首先開宗明義地列出他們所挑戰的普通法推定,即14歲以下的男童「無性交能力」(Law Reform Commission of Hong Kong 2010)。報告先提到法改會曾就應否為工作上會接觸到兒童的人設立性罪行名冊進行辯論。這份報告接着引用了不同歷史和文化背景而又接受此推定的法律,例如羅馬法和19世紀的英國。然後,報告指出其他司法管轄區,如英國、新西蘭、澳洲、加拿大和南非,某程度上已經廢除了這推定(或者容許在法律程序後定他們罪的可能),從而鞏固自身的說法(Law Reform Commission of Hong Kong 2010: 4–6)。

法改會在報告中為在1999年修改最低刑責年齡辯護,認為儘管新的最低刑責年齡為10歲,但是由於14歲以下人士無能力犯罪的推定依然存在,即使14歲以下的男童「無性交能力」的推定被廢除,控方在檢控前依然需滿足是否能夠推翻無能力犯罪的推定(Law Reform Commission of Hong Kong 2010: 6)。

接着,這份報告引用學術界和法官的看法,指出推定14歲以下男童實際上無性交能力是「假象」、是一個「不合時宜的假定」和「明顯⋯⋯荒謬」的規則,「不應該在現今世代的普通法內佔有任何地位」(Law Reform Commission of Hong Kong 2010: 7)。在一個訪問中,法改會性罪行檢討小組委員會成員張達明如此道:「這假定古老、過時,與現實不符」(Lee 2010a)。在相關報告中,他指出法改會的建議不是希望加重對兒童和年輕人的罰則,而是合適地將指控與所干犯罪行聯繫起來(Jiaxue 2011)。

報告中一個反對這假定的重要論點是它「顯然違反常理」,而且「今天實難明白有關規則還有什麼存在用途。」(Law Reform Commission of Hong Kong 2010: 7)。有趣的是,法改會假設他們回應了相關議題的「廣泛公眾關注」(Law Reform Commission of Hong Kong 2010: 2)。因為有着假設的公眾支持,法改會認為廢除這普通法假定可以:

彰顯公義，因為對受害者來説，犯事者被控告較輕的罪名會是一個極大的侮辱。強姦會導致極大的困擾。如果受害者發現侵犯者不能被控或者以相應的罪名去定罪的話，他們會更受困擾。

（Law Reform Commission of Hong Kong 2010: 8）

此觀點值得讚賞，但是這種對受害人的假設帶着青少年人本質是罪犯的意思。法改會續表示：

此古老的假定認為低於14歲的男童無性交能力，這與事實不符，**或許它從來就不反映事實**。它……**屬於保護青少年的法律假想**。

（Law Reform Commission of Hong Kong 2010: 8，引文加入強調的標記）

這明顯反對傾向保護兒童做法。這觀點之所以獲得強化，是因為有意見認為嚴重侵犯他人的兒童不值得被保護，甚至他們應否被當成兒童亦受到爭議（Jenks 2005）。

報告最後總結道：「這項推定的應用與現實脫離，並意味控罪有時未能反映被告人行為所應有的刑事罪責」（Law Reform Commission of Hong Kong 2010: 9）。這裏亦假定「現實」中公眾對兒童有罪責的共識，同時再次假設干犯了性暴力罪行的兒童事實上就是「真正」罪犯的身份，並應承擔刑事責任。

對法律改革委員會報告的反駁

反對的團體透過指出廣義的社會狀況和社會風氣轉型問題來回應法改會的報告，並認為報告的建議會影響整個系統的處事手法，而非單單針對獨立個案。1992年成立的香港兒童權利委員會（HKCOCR）是兒童福利組織防止虐待兒童會的附屬組織，他們發表了一份回應報告，反對法改會的建議，這份報告首先列出法改會建議的優劣。報告中所列的好處有：「建議能維護法律精神，避免盲目跟從相關假定而導致忽略了許多案件的真實情況。同時可

以讓受害者獲公平對待，讓侵犯他們的犯事者根據他們實際干犯的罪行受檢控或被定罪」（HKCOCR 2011），同時是「一個保護香港的年輕女性的動作」（HKCOCR 2011）。但是這報告同時列舉其壞處，包括有機會「在改革後，讓未成熟的10至14歲男童面對更嚴重的檢控和刑罰。」同時，法改會報告中引用的司法管轄權只是針對最低刑責年齡（10歲）或以上的範圍。HKCOCR報告質疑法改會建議的意圖，「是進行更多對10歲或以上、行為欠佳的兒童的檢控」（HKCOCR 2011）。

香港兒童權利委員會的報告特別強調聯合國《兒童權利公約》和《聯合國少年司法最低限度標準規則》（《北京規則》）的條款；這些條款強調青少年司法制度需顧及兒童的歲數，並以讓他們能重新融入社會為目標。報告明確指出：「我們認為犯事的兒童應該被視為受害者而非罪案的根源。青少年司法制度應集中解決罪案根本的問題，而非採用報應式和對抗性的做法。」報告在結語重申其觀點，認為在之前有關提高最低刑責問題的爭辯之中，指出將最低刑責年齡由10歲提高至14歲會「向社會傳遞一個信息：把我們的兒童當成罪犯並非處理青少年犯罪問題的唯一手段」（HKCOCR 2011）。在另一個訪問裏，香港兒童權利委員會的執行秘書黃惠玉女士批評建議的改革幅度範圍太窄；她認為需全盤審視整個青少年司法制度並推行改革。她認為法改會的建議「的確對受害者更加公平，讓他們得到更多保障。但我們不相信10至14歲的兒童能夠清楚理解嚴重罪行及其引申的懲罰」（Lee *et al.* 2011）。

其他機構如防止虐待兒童會作出了一個較不確定的回應。防止虐待兒童會曾為將最低刑責年齡從7歲提高至14歲請願；最終最低刑責年齡被提高至10歲。防止虐待兒童會的前任總幹事雷張慎佳女士在一個訪問中表示，提高最低刑責年齡可以讓更多兒童受到保護，而非讓他們受法律懲處，「許多青少年是無辜的；如果他們被定罪而受嚴重懲罰的話，日後生活將十分困難。」她認為加強對10至14歲的兒童的教育的話，他們犯事的可能會有所減少

（Tsang 2010）。但是防止虐待兒童會沒有明確地放棄支持法改會建議。在一個訪問中，雷張慎佳說在決定是否支持建議前，她需要研究低於14歲的強姦案被告會面對甚麼判刑（Lee 2010a）。

對「純真的概念」的挑戰？

儘管有反對的聲音，法改會的報告依然推動了政府快速修改法律、廢除假定。儘管大部分青少年罪犯所犯的罪都較輕微，但近期涉及青少年性罪行的案件可能反映公眾漸漸不再視青少年犯事者同為罪案的受害者，而是施害者。調查一宗 13 歲男童被控強姦5歲女童的案件期間，該名男童被形容為在與感化主任的交談中「輕挑地笑着」，他在保釋期間偷竊，並且在案件開審時否認曾與女童性交（Cheung & Wong 2011; Lee et al. 2011）。裁判官謝沈智慧女士在審理這案件時曾形容現行適用於青少年性罪行的法例「完全且明顯地不足」，並對男童的行為表示「嘔心」（Cheung & Wong 2011）。她認為儘管更生是青少年犯事者的首要目標，但是「現在的年輕人有能力干犯可怕的罪行」。

雖然謝裁判官認為這年輕人已經不可救藥，但她只判該男童進感化院（Reformatory School），她表示「這是唯一的做法」（Cheung & Wong 2011）。這判決獲法改會的支持。香港律師會的刑事法及程序委員會主席熊運信說：「這個假定已經存在了 100 年，當時的兒童在性方面可能比較不太活躍。現在情況已經有所改變。」（Lee et al. 2011）。儘管如此，熊運信在另外一個訪問中指出了該男童的判刑選項有限：

> 對任何16歲以下的青少年犯事者的判刑首要考慮都是更生，無論是在哪一個法庭審訊……更生仍然是主要目標。除非沒有其他替代方案，否則（該男童）不太可能會坐牢。
>
> （Cheung & Wong 2011）

儘管更生被聲稱為主要目標，一些新聞報道還是傾向一個比較懲罰性的做法。例如《中國日報》的一篇社論認為現行法例「過時」，而且應「因應當今社會的態度和現實情況」而予以修改，並提出：

> 在香港，非常年輕的性罪犯多會在少年法庭裏受審。考慮到所犯罪行的嚴重性，他們所受的懲罰很難説得上足夠。這也説明為甚麼這麼多人相信現行法例對受害者及其家屬極度不公。

（Yee 2011）

但是，一些在刑事司法系統中與青少年犯事者有密切接觸的人員的看法卻有輕微不同。一名已退休的高級懲教署職員評價法律的修改，反映出法庭未能考慮到犯罪行為更深層次的背景：

> 我認為在香港……儘管14歲的兒童看來還小，但是他們絕對有能力干犯下這些罪行。所以他們可以有行為能力去犯下這些罪行，但問題在於在心態上他們應否為所作所為負責……無論如何，這些行為也該被視為犯罪，但該如何懲罰他們，就應該由法庭決定……而不是一概把這些行為説成非禮，這……沒有反映真實情況，或者他真正的行為。

（研究訪問）

這些矛盾的看法代表了香港文化上對兒童身份認知的兩難情況，特別是當非常年輕的兒童干犯性暴力罪行時，這些看法就會受到挑戰，並模糊了何為合適回應（Jenks 2005; King 1995; Spencer 2005, 2011）。

可能因為囚禁的做法被視為包含了更生理念，官員順理成章提倡以囚禁回應香港的青少年犯罪問題。勞教中心等設施的紀律訓練本身不等同懲罰，這些「刑期短、紀律嚴及阻嚇力大」的軍訓式判刑融入了教育和職業訓練計劃（Chui 2001; Gray 1991）。利用着重紀律及福利並重式的懲治手法回應青少年犯罪，主要目的都是為拯救兒童、使他們改過自新及重新融入社會，而這些紀律

訓練都是希望為青少年帶來品格上的改變，讓他們可以重投社會（見第三章）。但是，儘管香港勞教中心、更生中心和教導所以更生為目標，但是還不能說是最適合更生青少年強姦犯的地方（相比非正式的社會福利計劃）。正如第三章所說，有研究顯示，不是所有青少年認同勞教中心有很大的更生作用（Chui 1999, 2006）。

香港的做法結合了監督和保護兒童的理念（Gray 1991; Lee 1989）。因此，有人會擔心青少年人，特別是被控以性罪行的青少年能否在違反自身意願的情況下被囚禁時承受負面的身心影響，因為儘管不同計劃都有着正面的更生目標，年輕人也可能會視之為「監獄」（Goldson 2007; Muncie & Goldson 2006）。

研究顯示，當年輕人內化了標籤在他們身上的「罪犯」身份後，他們抵抗犯罪的能力就會大大減低（Smith 2006）。這結果在英國（Allen 2006; Kemp et al. 2002）和美國（Johnson et al. 2005; Steinberg et al. 2004）都有有系統紀錄。這在青少年性罪犯間尤其明顯：懲罰性處理手法所產生的污名化效應會讓他們更肯定自己為「罪犯的身份」和強化性犯罪行為。儘管法改會和政府認為「沉默的大多數」支持他們的看法，但是他們在修改法律時沒有考慮到公眾實際的看法和使用懲罰性處理手法的潛在後果。在下一部分，我們將會探討香港官員在效法國際上、尤其是英國和威爾斯的青少年司法趨勢時的諷刺之處。

效法國際青少年司法的趨勢——是否自取滅亡？

法改會和大部分新聞報道在強調為何主張廢除假定時都會指出很多國家已經廢除該假定，或者已降低假定適用的年齡。他們認為香港應該「貼近」這些國際趨勢，否則青少年罪案會惡化，社會會逐漸失序。對國際趨勢和公約的效法發生於1982年《中英聯合聲明》簽署和1997年回歸之間，包括有關提高最低刑責年齡的爭議（見第五章）。加上香港與英國在法律上關係密切，法改會在

他們的報告裏及很多新聞報道明顯引用了1998年英國廢除無能力犯罪的推定、1993年廢除14歲以下男童無性交能力的假定。

可是這做法並沒有考慮到學術界所提出，英格蘭、威爾斯、甚至是世界各地對青少年犯罪「轉為懲罰為主」的趨勢，忽略了其對青少年犯事者自身的不利影響（Detrimental Effect），並阻礙他們重新融入社會。例如在英國，奉行新自由主義的新工黨（New Labour）政策逐漸視曾經犯事的兒童和年輕人為「罪犯」，而非那些「需要幫助的兒童」（Goldson 2000: 256）。這種看法讓英國在歐盟國家中兒童幸福的排名跌到低谷」，並且讓他們「固執地使用囚禁的做法」。這做法可以追溯到新工黨廢除了《1998年刑事罪行及擾亂治安法令》中無能力犯罪的推定（Allen 2006: 6, 9, 16）。無能力犯罪的推定在英國已經存在了七百多年，惟在James Bulger謀殺案（一個2歲兒童被兩個10歲男童謀殺）後，英國政府用了少於五年的時間廢除這推定（Cipriani 2009: 117）。儘管統計數字反映青少年犯罪率保持穩定，「甚至還在減少」，但「未經調整的嚴厲應對政策」和刑罰的擴展還是出現了（Goldson 2007: 107, 108）。

法改會的報告指出英國已經廢除了14歲以下男童無性交能力的假定。英格蘭和威爾斯在1993年9月修訂此法律，當時受到公眾廣泛支持（Soothill 1997: 367）。可是法改會沒有指出英國之所以廢除這假定，是與「對邊緣青少年的廣泛道德恐慌有關」，而部分的道德恐慌正是由新聞報道產生（Soothill 1997: 368）。這恐慌與實際情況不符合的是，當法律改變了之後，只有非常少的10至13歲的青少年被控強姦（在廢除後的1994年，全年只有10宗；其中一宗控罪在上訴後獲撤銷）（Soothill 1997: 369）。

再者，香港沒有考慮到有研究證明，當兒童被送去屬於「更生」的英國的保護兒童之家（Secure Children's Home）後的情況：

> 無論他們在被送進去時的法律地位是怎麽樣，他們都經歷不穩定和不開心的家庭狀況；不好的教育；遭受情感上、心理上和

身體上的傷害，甚至性侵犯；他們都一貫地擁有一個較低的自我形象，這源於多次的失望和以往失敗且被忽視的人際關係。

（Goldson 2007: 110, 111，引文加入強調的標記）

國際上有關青少年為何干犯性罪行的背景研究亦被忽略了。法改會的做法並不考慮年輕人和兒童有否曾受性侵犯，但是性偏差行為很多時是由過去受性侵犯的經驗所引發（Erooga & Masson 2006）。研究發現青少年犯罪與貧窮和問題家庭關係密切，而這些問題亦是虐待兒童的主因（Hill *et al.* 2007: 30）。英國和美國的研究顯示三分之一的虐待兒童個案由青少年干犯（Grubin 1998: v; Miner & Munns 2005: 491）。青少年性罪犯多為男性，很大部分人會有不同的社交和心理問題，包括被孤立、缺乏性知識、建立親密關係的技巧和較高程度的社交恐懼（Erooga & Masson 2006: 7）。再者，研究人員估計 30% 至 50% 曾受性侵犯的兒童之後會去侵犯其他人，尤以曾受到身體上或者情感上傷害，或者備受忽略的青少年為甚。一個研究指出，49% 在 4 至 13 歲曾性侵犯他人的男童，自己以前也曾被性侵犯，19% 的人曾被他們認識的人傷害身體（Erooga & Masson 2006: 8–9）。Miner & Munns（2005: 500）報告指出，相比干犯其他罪行的青少年和未曾犯事的青少年，干犯性罪行的青少年與他們的朋友和家庭較疏遠。報告顯示至少有一部分青少年性罪犯是因為缺乏自信、希望獲得親密關係而犯事。在香港社會，這些問題因居住環境和社會壓力而更嚴重（如雙親都全職工作、教育系統中的性教育不足和社會不平等愈來愈嚴重）（Mathews & Lui 2001; Ho & Tsang 2002; Shek *et al.* 2011）。

Caldwell（2010）整合分析了 63 個有關青少年性罪犯再犯的研究，他指出他們需要「可以在短時間內針對其成長需要的介入工作」，有鑑於如腦部發展產生的認知改變、青春期出現的荷爾蒙改變、家庭角色和朋輩關係、判斷力、衝動的控制、與學校和其他社交團體的連繫及如於童年時被虐待的經歷等的壓力，都可能大大影響到青少年再犯性罪行與否。相反，上述因素卻不能影響

到已成年後持續的性犯罪。同樣地，Grubin（1998）提倡「及早預防」（Primary Prevention）去有效地回應兒童被性侵犯的問題，包括「通過優秀的學校計劃教導兒童（和家長）如何避免性侵犯」。青少年性罪犯是「本質上邪惡」（Ultimate Demon）這觀點令他們需要心理及其他協助的事實被忽略，特別是當這看法與「治安為上」的罪案控制意識形態（假設着重紀律的處理手法能有效阻嚇其他青少年不再犯事）相結合時，會讓「治療性處理手法（Therapeutic Response）較難推行」（McAlinden 2005: 388）。當社會主流意見認為青少年性罪犯是施害者而不是受害者時，治療性處理手法較難被考慮。

小結——鼓吹採用懲罰性的做法

一直以來，香港在理解青少手犯事者的行為時，普遍都會考慮到「純真的概念」（Kappeler & Potter 2005: 24; Spencer 2011）的假定，亦因為此假定，更生理念成為了主流意見。不過若可以加上對青少年的劣根性及他們可被視為成年人的可能性的考慮，這個假定可能會變得更好。正如第五章所說，低於最低刑責年齡的兒童被視為社會上的受害者，被社會上不同的力量影響他們干犯偏差和犯罪行為，如較年長的黑社會成員。這觀點從上世紀70年代以來一直維持着，之後隨着有關國際化的討論令最低刑責年齡最終從7歲提高至10歲。一些在青春期中期的比較年長的青少年犯事者，即使他們曾參與黑社會、濫用非法藥物或者涉及偷竊或者襲擊他人，都不會被妖魔化或者敵視，更不用說會有不合比例及嚴重的刑事後果（Goode & Ben-Yehuda 2009；見第三章）。這種看法及後在英國和美國等地區改變了，犯事的兒童與年紀尚輕和純真無辜等字詞（Pitts 2001; Pizarro et al. 2007; Schissel 2006; Zimring 1998）在「概念上被分割出來」（Jenks 2005: 128）。Jenks（2005）認為：

> 作為一個社會，作為一個人，我們不會知道（對涉及犯罪行
> 為的兒童）該作甚麼行動，因為我們不知道兒童是甚麼。他們逐
> 漸遠離我們日常的概念，也正因我們不再知道兒童是甚麼，我們
> 也不能理解和指出他們的需要。

（Jenks 2005: 132）

可是，當青少年犯下的罪行牽涉到性的時候，主流的「純真的概念」會備受挑戰。青少年性偏差行為挑戰到文化上何為兒童的觀念，特別是在香港這個對性較為保守的城市，加上香港日益增加對青少年，特別是女童濫交的關注（Ho & Tsang 2002; Shek *et al.* 2011）。

一名非政府機構的高級職員和我們談話時引用13歲男童性侵犯5歲女童的案例，強烈認為香港政府「利用公眾對單一案件的情緒……懲罰所有青少年犯事者。」他繼續評論有關個案時，指出對青少年性罪犯的回應和考慮再次提高最低刑責年齡的關係：

> 我不會説我喜歡這男童，因為他做了這種事。但是我認為我
> 們不可以用單一的案件就一竹竿打翻一條船。有些青少年犯事者
> 只是一次性偶發的罪犯，一些只是犯下輕微罪行，但如果出現上
> 述情況，你就會回絕了一切有關討論和停止再次提高最低刑責年
> 齡的進程。他們是相互關聯的。

（研究訪問）

這名職員指出的關聯不單帶出了青少年司法，如最低刑責年齡的問題，還指出了政府避免進行公眾諮詢和討論的態度，即假設了沉默的大多數支持政府和刑事司法權威。提高最低刑責年齡的議題獲「極度仔細地」（Cipriani 2009: 13）檢驗，五年間廣泛諮詢了公眾及不同機構。與此相比，法改會發出上述報告的速度和緊隨其後，因假定了公眾支持的立法修改之快顯示了在香港對青少年性罪犯採用了刑罰精英式的處理手法。這種處事手法沒有經過詳細

考量，亦忽略青少年背上刑事罪責及被標籤成為性罪犯的後果。法改會（2010: 2）曾擔心公眾「廣泛關注」可能有戀童癖的成年人從事與兒童有關工作，這種擔心已經轉化成假設公眾對兒童性侵犯兒童一事有同等關注。再者，一名保安局發言人認為法改會的建議「沒有引起爭議，值得支持」（Jiaxue 2011），它除了在沒有任何實證下假定公眾支持外，也同時假定不需要進行諮詢。我們依然不清楚法改會和政府如何收集公眾意見，甚至不清楚他們曾否進行諮詢。

時下的年輕人有否干犯「令人髮指」的罪行並不是關鍵，關鍵在於我們應如何理解和回應這些問題。我們認為上述政策的其中一些效果是「擴闊偏差行為的定義」及增加青少年被定性為性罪犯的機會，因為這政策不只提高對現有青少年問題的關注，還重新定義了問題（Cohen 1985; Krauthammer 1993）。此外，儘管香港有信心通過阻嚇改變犯事者，但是需要留意的是，大部分犯罪學研究都持續挑戰着對青少年罪行「更加強硬」能否有效阻嚇犯事者的看法（Doob *et al.* 1995: 75; Kappeler & Potter 2005）。

我們必須特別注意對青少年性罪犯的回應。在5歲女童在混合病房被性侵犯的案件中，較少報道着墨的是涉案的13歲男童和女童在此案件前都已經是受害人，他們因為兩宗不同的虐待兒童個案而被送入醫院檢查（Moy & Lo 2010）。將14歲以下的男童的性偏差行為定性為犯罪行為，即使目標為阻嚇和更生，但是這等於將問題歸咎為個人罪責。這種看法很容易阻礙公眾理解更大層面的受害問題，如在公立醫院強姦案中，我們會忽略了男童和女童均為受害者。此考量並非用以減輕強姦的嚴重性，亦不是否定年輕女性所受的傷害，特別是本案受害的5歲女童。不過只將兒童描繪成罪犯並不能有效地在更大的層面上減少罪案，亦不能解決令犯罪行為陷入惡性循環的社會問題。

香港對青少年性罪行的回應可跟英國對James Bulger的謀殺的回應對比：我們在兩案中都能看到「重大政策突然在沒有諮詢之

下改變，未有考慮到反對的聲音，亦沒有與之妥協的意圖」（Green 2008: 224）。可是我們必須注意香港政府有別於英國，它不是因群眾的壓力作出回應。香港政府官員為了快速實行有關青少年性罪行的改革而假設公眾的看法與政府希望的改變連成一線。然而，這做法讓真正的危機落在政策對青少年性罪犯的更生效果和重新融入社會的長期影響之中。Cipriani認為：

> 一件暴力的青少年罪案就足以打破受害者和施害者之間的分別，「兒童為受害者」的講法將很快地變成「兒童是施害者」的恐慌。這會對個別兒童帶來真正的後果，亦會對爭取兒童權利的進程有很大的挑戰。這進程包括宣揚對兒童更公平和更尊重的社會價值，並建立一個制度讓其可以持續地實踐。
>
> （Cipriani 2009: 125）

儘管會超越此書的目的，但我們建議研究應進一步分析如何判斷14歲以下干犯性罪行的青少年是否適合無能力犯罪的推定。現有斷定的方法未能可靠地分辨「成熟」的青少年是否有「成年人」的犯罪意圖。Scott & Steinberg（2003: 836–37）認為「按照每件案件各自的情況去決定青少年是否成熟會引發很多問題，最終的結果往往會因成熟與否以外的因素主宰⋯⋯在某些嚴重的案件中，『不成熟』這因素往往會被忽略，因而導致以懲罰為回應」。換句話說，視青少年強姦犯為罪犯會令注意力（混合着強烈的情緒）集中在他們的犯罪行為和罪責，而不會了解他們在更廣泛的層面而言可能亦是受害者。

為了避免有人誤解我們的論點，我們得強調我們並不是在寬恕或者合理化年輕人（或任何人在任何年紀）強姦他人或者進行任何形式的非法性行為。我們的目標是讓大家留意到以下幾點：

1. 香港在解決上述問題時速度太快和缺乏足夠諮詢；
2. 政府只會認為懲罰能阻嚇青少年，沒有考慮其他可行的處理手法；

3. 將青少年性罪犯收監的處理手法所帶來的潛在問題；

4. 青少年犯事者不再被視為需要培養、保護和重整以求重新進入社會的受害者。

5. 一個被動的政治體系未能考慮到更廣泛的處理手法，即能夠保留香港現有拯救兒童的模式的選擇。

參考資料

Alagappa, M. (1995b). "The Bases of Legitimacy," in M. Alagappa (ed.) *Political Legitimacy in Southeast Asia: The Quest for Moral Authority*. Stanford: Stanford University Press, pp. 31–53.

Allen, F. (1981). *The Decline of the Rehabilitative Ideal: Penal Policy and Social Purpose*. New Haven: Yale University Press.

Allen, R. (2006). *From Punishment to Problem Solving: A New Approach to Children in Trouble*. London: Centre for Crime and Justice Studies.

Bullen, J. (1991). "J. J. Kelso and the 'New' Child-savers: The Genesis of the Children's Aid Movement in Ontario," in R. Smandych, G. Dodds and A. Esau (eds) *Dimensions of Childhood: Essays on the History of Children and Youth in Canada*. Winnipeg: Legal Research Institute of the University of Manitoba, pp. 135–58.

But, J. (April 14, 2009). "Teen Sex Offences up 48pc in 5 Years," *South China Morning Post*.

Caldwell, M. (2010). "Study Characteristics and Recidivism Base Rates in Juvenile Sex Offender Recidivism," *International Journal of Offender Therapy and Comparative Criminology 54*(2): 197–212.

Cheung, S. and Wong, M. (June 24, 2011). "Shake-up for Juvenile Law after Sex Case," *South China Morning Post*.

Chui, W.H. (1999). "Residential Treatment Programs for Young Offenders in Hong Kong: A Report," *International Journal of Offender Therapy and Comparative Criminology 43*(3): 308–21.

—— (2001). "Theoretical Underpinnings of Community-based Sentences and Custody for Young Offenders in Hong Kong," *Hong Kong Law Journal 31*(2): 266–80.

—— (2006). "Avoiding Early Intrusion in the Lives of Children: The Need for Juvenile Justice Reform in Hong Kong," *Journal of Youth Studies 9*(1): 119–28.

Cipriani, D. (2009). *Children's Rights and the Minimum Age of Criminal Responsibility: A Global Perspective*. Surrey: Ashgate.

Cohen, S. (1985). *Visions of Social Control: Crime, Punishment and Classification*. Cambridge: Polity.

Doob, A., Marinos, V. and Varma, K. (1995). Youth Crime and the Youth Justice System in Canada: A Research Perspective. Toronto: Centre of Criminology, University of Toronto.

Editorial (June 28, 2011). "Making Sense of Juvenile Justice," *South China Morning Post*.

Erooga, M. and Masson, H. (2006). "Children and Young People with Sexually Harmful or Abusive Behaviours: Underpinning Knowledge, Principles, Approaches and Service Provision," in M. Erooga and H. Masson (eds) *Children and Young People Who Sexually Abuse Others: Current Research Developments and Practice Responses*, 2nd edn. London: Routledge, pp. 3–17.

Fenwick, M. (2013). "'Penal Populism' and Penological Change in Contemporary Japan," *Theoretical Criminology 17*(2): 215–31.

Fong, L. (September 15, 2009). "Teen Sentenced for Sex with Girl, 12," *South China Morning Post*.

Garland, D. (1996). "The Limits of the Sovereign State," *The British Journal of Criminology 36*(4): 445–71.

Goldson, B. (2000). "'Children in Need' or 'Young Offenders'? Hardening Ideology, Organizational Change and New Challenges for Social Work with Children in Trouble," *Child and Family Social Work 5*(3): 255–65.

—— (2007). "Child Protection and the 'Juvenile Secure Estate' in England and Wales: Controversies, Complexities and Concerns," in M. Hill, A. Lockyer and F. Stone (eds) *Youth Justice and Child Protection*. London: Jessica Kingsley, pp. 104–19.

Goode, E. and Ben-Yeuda, N. (2009). *Moral Panics: The Social Construction of Deviance*, 2nd edn. Malden: Wiley-Blackwell.

Gray, P. (1991). "Juvenile Crime and Disciplinary Welfare," in H, Traver and J. Vagg (eds) *Crime and Justice in Hong Kong*. Hong Kong: Oxford University Press, pp. 25–41.

Green, D. (2008). *When Children Kill Children: Penal Populism and Political Culture*, Oxford: Oxford University Press.

Grubin, D. (1998). *Sex Offending against Children: Understanding the Risk*, Police Research Series Paper 99, London: Home Office.

Hill, M., Lockyer, A. and Stone, F. (2007). "Introduction: The Principles and Practice of Compulsory Intervention when Children are 'At Risk' or Engage in Criminal Behaviour," in M. Hill, A. Lockyer and F. Stone (eds) *Youth Justice and Child Protection*. London: Jessica Kingsley, pp. 9–38.

Ho, P. S. Y. and Tsang, A.K.T. (2002). "The Things Girls Shouldn't See: Relocating the Penis in Sex Education in Hong Kong," *Sex Education 2*(1): 61–73.

Hong Kong Committee on Children's Rights (HKCOCR) (January 17, 2011). Comments on the Law Reform Commission Report "The Common Law Presumption that a Boy Under 14 is Incapable of Sexual Intercourse," Hong Kong: HKCOCR.

Jenks, C. (2005). *Childhood*. Florence: Routledge.

Jiaxue, G. (June 24, 2011). "Judge Attacks Sentencing Guidelines for Teen Sex Crime," *China Daily*.

Johnson, L.M., Simons, R. and Conger, R. (2005). "Criminal Justice System Involvement and Continuity of Youth Crime: A Longitudinal Analysis," *Youth & Society 36*(1): 3–29.

Jones, C. and Vagg, J. (2007). *Criminal Justice in Hong Kong*. New York: Routledge-Canvendish.

Kappeler, V. and Potter, G. (2005). *The Mythology of Crime and Criminal Justice*. Long Grove: Waveland.

Kemp, V., Sorsby, A., Liddle, M. and Merrington, S. (2002). Assessing Responses to Youth Offending in Northamptonshire, Research Briefing 2. London: NACRO.

King, M. (1995). "The James Bulger Murder Trial: Moral Dilemmas, and Social Solutions," *The International Journal of Children's Rights 3*(2): 167–87.

Krauthammer, C. (1993). "Defining Deviancy Up: The New Assault on Bourgeois Life," *The New Republic 209*(21): 20–25.

Law Reform Commission of Hong Kong (2010). *The Common Law Presumption that a Boy Under 14 is Incapable of Sexual Intercourse*. Hong Kong: Law Reform Commission of Hong Kong.

Lee, C. (December 14, 2010a). "It Won't Stand Up in Court," *The Standard*.

Lee, D. (January 26, 2010b). "Five Teens get Detention and Rehab for Group Sex Attack," *The Standard*.

Lee, D., Chan, S. and Lee, M. (June 24, 2011). "Rape Law Rapped," *The Standard*.

Lee, M. (1989). Care and Control of Juvenile Delinquents in Hong Kong. Master of Philosophy, University of Hong Kong.

Ma, N. (2007). *Political Development in Hong Kong: State, Political Society, and Civil Society*. Hong Kong: Hong Kong University Press.

Mathews, G. and Lui, T. -L. (eds) (2001). *Consuming Hong Kong*. Hong Kong: Hong Kong University Press.

McAlinden, A. -M. (2005). "The Use of 'Shame' with Sexual Offenders," *The British Journal of Criminology 45*(3): 373–94.

Miner, M. and Munns, R. (2005). "Isolation and Normlessness: Attitudinal Comparisons of Adolescent Sex Offenders, Juvenile Offenders, and Nondelinquents," *International Journal of Offender Therapy and Comparative Criminology 49*(5): 491–504.

Moy, P. and Lo, C. (October 2, 2010). "Hospitals Urged to Keep Boys, Girls Apart," *South China Morning Post*.

Muncie, J. and Goldson, B. (eds.) (2006). *Comparative Youth Justice: Critical Issues*. London: Sage.

Pitts, J. (2001). "The New Correctionalism: Young People, Youth Justice and New Labour," in R. Matthews and J. Pitts (eds.) *Crime, Disorder, and Community Safety: A New Agenda?* London: Routledge, pp. 167–92.

Pizarro, J., Chermak, S. and Gruenewald, J. (2007). "Juvenile 'Super-Predators' in the News: A Comparison of Adult and Juvenile Homicides," *Journals of Criminal Justice and Popular Culture 14*(1): 84–111.

Platt, A.M. (1969). *The Child Savers: The Invention of Delinquency*. Chicago: University of Chicago Press.

Roberts, J.V. (2003). *Penal Populism and Public Opinion: Lessons from Five Countries*. Oxford: Oxford University Press.

Schissel, B. (2006). *STILL Blaming Children: Youth Conduct and the Politics of Child Hating*. Halifax: Fernwood Publishing.

Scott, E. and Steinberg, L. (2003). "Blaming Youth," *Texas Law Review 81*(3): 799–840.

Shek, D., Ma, H. and Sun, R. (2011). "A Brief Overview of Adolescent Developmental Problems in Hong Kong," *The Scientific World Journal 11*: 2243–56.

Smith, D. (2006). *Social Inclusion and Early Desistance from Crime*. Edinburgh: University of Edinburgh.

Soothill, K. (1997). "Rapists Under 14 in the News," *The Howard Journal 36*(4): 367–77.

Spencer, J. W. (2005). "It's Not as Simple as it Seems: Ambiguous Culpability and Ambivalent Affect in News Representations of Violent Youth," *Symbolic Interaction 28*(1): 47–65.

—— (2011). *The Paradox of Youth Violence*. Boulder: Lynne Rienner.

Steinberg, L., Chung, H. L. and Little, M. (2004) "Reentry of Young Offenders from the Justice System: A Developmental Perspective," *Youth Violence and Juvenile Justice 2*(1): 21–38.

Tsang, P. (December 14, 2010). "Boys Under 14 Can Rape, Panel Says," *South China Morning Post*.

Yee, H. (June 25, 2011). "Alarm Over Youth Crimes," *China Daily*.

Zimring, F. (1998). *American Youth Violence*. New York: Oxford University Press.

香港法律改革委員會（2011）。《14歲以下男童無性交能力的普通法推定》報告書：當局計劃實施當中的建議。香港：香港法律改革委員會。

8

問題青少年及公民身份光譜

　　過去十年，政府在關注芸芸青少年偏差行為及罪行的同時，亦關注涉及公民身份的問題。邊緣青年與八十、九十後政治反對派青年，屬於社會經濟和政治光譜中的兩個極端，卻同樣極力擺脫官員和媒體對他們的標籤。本章會探討「青少年公民身份光譜」，並着墨於官方對兩個群體的年輕人的不同回應。

在不同層面上，香港的青少年犯罪、罪案問題，以至相關的政策回應都與公民及國民身份認同息息相關。在60年代後期，香港官員關注大部分青少年明顯缺乏公民身份認同，並為此於70年代建立系統及程序，讓反叛青少年能受控於社會，務求不影響當時快速的經濟及社會轉型。在刑罰精英式管治下，雖然當時政治精英注意到公眾對社會治安及罪案的關注，但來自北京的介入及看法似乎愈來愈被重視，甚至比公眾的諮詢和反應更重要。第五章曾追溯了有關提高最低刑事責任年齡的討論。最低刑責年齡最終被提升了，因為時值中英主權過渡，在「一國兩制」的後殖民地管治模式下，新的香港特區政府需維持其刑事司法有效，以提升其執政合法性，因此它參照國際少年司法慣例，並在不影響政府本身有效的系統下進行改動。政府有嘗試引入新的系統及方法，如復和司法去處理青少年犯罪，可惜因為多個原因，包括擔憂青少年司法制度「內地化」，這些嘗試都不太成功。也許整體來說，失敗的原因是為了不破壞行之有效的着重紀律與更生的制度；這現有的制度不但改善犯罪問題，亦致力提升下一代對香港身份的認同感及忠誠。綜觀最近多個對青少年性罪行案例的政策回應，我們可見重新融入社會的機會及公民身份對香港青少年來說並非理所當然。

過去十年，政府在關注芸芸青少年偏差行為及罪行的同時，亦關注涉及公民身份的問題，尤其因為本港「八十後」及「九十後」發起的抗議運動（見下文），可見中港政治局勢漸趨緊張。有些涉及政治的青少年會參與原則上非法的抗議活動及與警方發生衝突。除了這些涉及政治的青少年外，更出現各種新式的青少年高危行為及罪行，包括於夜總會場所（Nightclub）濫用精神科藥物及街上「流連」等。以上提及的不同形式的罪行可歸究於青少年有感被排斥和被社會邊緣化，從而作出的不同回應。這些青少年的情況及政府的政策回應，與後現代及後殖民時代香港矛盾的政治狀態息息相關。香港有一些青少年位處社會邊緣，他們似乎未能為社會帶來任何經濟貢獻，並普遍維持微弱的公民身份認同感。下文將會

探討「青少年公民身份光譜」(Spectrum of Youth Citizenship)，並着墨於官方對邊緣青年和年輕且受過教育的反對派的回應。這些反對派與政府及警方有直接衝突，對政府的執政合法性作出自60年代的暴動以來最大的挑戰。

香港的近代社會疲乏及其狀況

　　犯罪學家有時會將1970年代形容成政府「創造了一個新型、由上而下 (Top Down) 的公民社會」，而正正是這種「溫和的專制主義」(Soft Authoritarianism) 的政府，讓人們對當時的系統建立信心，包括以「着重紀律及福利並重」為本的青年司法制度 (Jones & Vagg 2007: 628)。然而，90年代的香港，政治及經濟穩定均受到嚴重影響。1989年6月4日天安門事件使很多香港人在短時間內，尤其在九七回歸後，因擔憂自由及法治被削弱而出現香港移民潮 (Tsang 2004)。許多留守本港的人紛紛參與了對抗北京主權的大規模示威，Ma (2007: 7) 將這描述為「參與度的爆發」(Participation Explosion)。人們的疑慮主要集中於香港被「內地化」的問題，雖然倫敦和北京政府答應保留香港的法治及社會、經濟和政治自由，但人們擔心香港最終會在政治、經濟及社會層面上愈來愈依賴北京。此外，人們亦愈發擔憂內地意識形態的入侵，如以強制手段推行愛國主義，並推廣「愛中國」代替「愛香港」(Lo 2007: 186)。

　　上世紀90年代，香港過渡成為一個國際城市，隨之而來的是職業兩極化 (Occupational Polarization)，收入差距擴大及失業率高企等問題，年青人首當其衝 (Chiu & Lui 2004; Shek & Lee 2004)。1997年的亞洲金融風暴無形地加劇了對政治的不安感。有觀察員將青少年失業率上升歸究於當時的社會及經濟情況，Shek寫道：

> 1997年的亞洲金融風暴摧毀了人們穩定的生活，亦打破了香港人的夢想。很多人因自己的資產價值急劇下降，市道低迷和失

業，導致債務纍纍甚至破產。香港人對當時不明朗的政治及社會氣氛都感到絕望。結果，由於經濟衰退，青少年找工作時倍感困難，青年失業率亦大幅上升。

(Shek *et al.* 2005: 709)

官方數字顯示亞洲金融風暴及1997年主權移交後，整體失業率有所上升，當中15至19歲青少年人失業率的上升更見明顯。相比2005年，2009年的青年失業率從10.7%升至12.6%（見圖8.1）。此外，中學生輟學比例更由04/05年度的0.39%上升至08/09年度的0.6%（Commission on Youth 2011: 3）。青少年失業問題使邊緣及無業青年犯法的可能性大增（Ngai & Cheung 2005: 458）。

犯罪學家指出，1997年後「政府變得更專制，對異見人士容忍度較低」，政府需要透過保持低犯罪率顯示其管治能力（Jones & Vagg 2007: 574, 576）。當時的香港政府面對重重挑戰，包括：

日漸下降的社會凝聚力、貧富懸殊、當權者與市民關係變差、階級分化、積弱和零散的社會結構、人民生計受威脅、經濟不穩，以及大陸的專制政治文化不斷入侵的威脅。

(Jones & Vagg 2007: 586)

這些因素都催化了罪行及社會動亂對香港政府政權的挑戰。

有些人認為儘管回歸後的政府缺乏執政合法性，但「因公眾市民對治安為上的管治手法的信任，令政府的執政合法性得以維持」（Jones & Vagg 2007）。在2001年，警方更宣稱罪案率創27年新低，其官方數字顯示暴力罪行在2000年至2010年期間維持一個極低水平（見第二章）。然而，我們不應太着重於公眾對法律和刑事司法機構的信心。過去十年間，不少政治爭議，如建議引入「國民教育」課程（見下文），不斷提升各界對政府執政合法性的擔憂。九七後政府面對的另一個問題是市民的政治參與，尤其涉及到中國內地對香港民主進程的「干預」（Estes 2005: 208）。現時立法會

圖8.1　1996年至2016年間本港失業率（佔人口百分比）

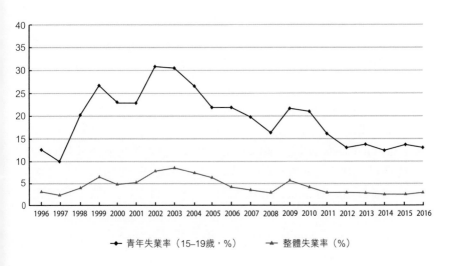

資料來源：香港統計年刊，政府統計處

中一半的議席由少數精英及團體選出，由一萬多個團體票決定了全港七百萬居民的意願；由二十多萬位選民選出立法會半數議席（DeGolyer 2010: 2）。

　　因此，政府執政合法性仍是後殖民政府主要關注的事項，當時政府亦致力諮詢年青人，並以他們為起點促進正面的社會討論風氣及融合。本章稍後將集中探討兩個截然不同的團體——濫用精神科藥物人士及「夜青」（兩者有分別），與八十後和九十後青少年對政治的反對聲音。為了政治上的便利，政府的融合工作似乎只着重於他們認為值得拯救的人身上。在這樣的香港，這些青少年各自以不同的方式去回應被排斥和邊緣化的感覺。

逃避至黑夜——由夜總會毒品到夜青

青少年濫藥及邊青在晚上到處流連也許是普遍社會的問題。在香港，這些問題涉及到這個高度競爭的國際城市為青少年帶來的特殊壓力。15至24歲的濫藥人數由2000年的6,311人，下降至2005年的3,372人，但在2009年回升至4,529人（或每10萬人有0.51人）（Commission on Youth 2011: 5）。濫用藥物是一個全球迫切的問題，軟性毒品如大麻為年青人所濫用尤其普遍（United Nations Office on Drugs and Crime 2010），但香港的青少年傾向濫用精神科藥物，這現象在90年代更見迅速蔓延及嚴重（尤其是氯胺酮和搖頭丸）（Laidler 2005; Shek 2006）。14至24歲青少年濫用精神科藥物的人數，由2005年的2,890人上升至2009年的4,375人（Commission on Youth 2011: 5）。他們從吸食海洛英轉為精神科藥物，因此吸食海洛英佔總濫用藥物的比率由1995年的73%下降至2002年的11%（Laidler 2005: 1264）（見圖8.2）。

搖頭丸在2000年時流行，通常見於（與黑社會有關的）夜總會舞場，氯胺酮此時開始成為主流（Cheung & Cheung 2006: 1974; Laidler 2005: 1263, 1273）。1999年，濫藥青少年中只有少數人濫用氯胺酮；在2001年迅速上升至60%，到了2006年更有73%（Laidler & Hunt 2008: 262）。氯胺酮至今仍然為香港21歲以下青少年的「首選」（Laidler & Hunt 2008: 261）。此趨勢更日漸加劇，愈來愈多香港年青人利用港深邊境開放的優勢，到深圳夜場吸食毒品，尤以氯胺酮為甚，這股風氣在深圳的夜總會十分流行（Laidler & Hunt 2008: 261; Shek et al. 2011: 2245）。

時任保安局局長李少光認為青少年對毒品的需求不斷增加，某程度上是因為中國內地愈來愈富有（Chan 2010）。然而，問題的根源其實還可以追溯到香港自身的問題。在理解愈來愈多年青人吸食氯胺酮的原因時，我們應考慮九七後香港年青人承受的社會壓力。經常有報告指出，香港濫用精神科藥物的青少年多是嚮往服用精神科藥物後那種自由解放的感覺（Laidler 2005: 1267; Laidler

圖8.2　2003年至2016年間21歲以下人士干犯嚴重毒品罪行數字

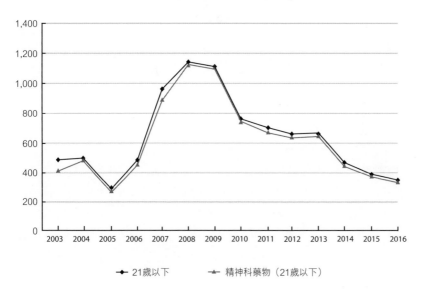

資料來源：撲滅罪行委員會年度報告

& Hunt 2008: 268）。 然而，許多年輕的吸毒者亦反映對未來感矛盾，冀望自己「能獲得良好的教育和工作」（Laidler 2005: 1267）。雖然現今香港青年仍然「依賴性強，但他們也被寄予厚望，被視為社會對未來的投資，以及美好將來的象徵，故此他們面對需要成材的壓力」（Laidler 2005: 1267）。Shek（2007）亦闡述了香港「高度的社會壓力」及「過分重視成就的病態」傾向，導致一些青少年濫用藥物，他們感到「生活缺乏意義」以及對能否在社會向上流動感到悲觀。

　　很多使用氯胺酮的年青人都處於社會及經濟的底層。在Laidler & Hunt（2008）的研究中，100個受訪的年輕吸毒者中，73%受訪者來自較低及勞動階層。報告推測：

　　　　氯胺酮之所以在調查進行期間流行起來，可能是因為它能令勞動階層的年輕人忘卻煩憂和壓力，讓他們在不同的社交場所享

受片刻「飄浮」及自由的感覺。在一個愈來愈難獲得自由的社會
裏，氯胺酮吸引年青人的是那使人解脫的感覺……（不同於搖頭
丸，氯胺酮）它不會使人想跳舞。反而，在一些情況下，它可以
使人踏上旅程，可能是精神，可能是實際上，不管他身在何處。
一個人可以同時感到身處不同地方。

（Laidler & Hunt 2008: 269）

有研究隨機抽樣了 504 名 14 至 19 歲有吸食毒品經驗的邊緣
青年，同時在隨機抽樣的中學邀請了 504 名中學生（有相似的人
口特徵）作對照實驗（Cheung & Cheung 2006）。研究發現在（對未
來、活在一個急劇轉變的社會）不確定性及對「自我能力」的看法
方面，邊緣青年和一般中學生沒有顯著的差異。因此，他們得出以
下結論：在一個集體主義的社會如香港裏，個人問題不會令年青
人濫用藥物，反而是因為「在社區、學校及家庭裏的社會結構力量
（Social Structural Forces）弱化了」。

比起反抗並獨立地表達自己的感受，很多青少年選擇逃離環
境狹窄的住處，並找個地方讓他們與經歷相似的朋輩交往。夜總
會及網吧都是可供他們選擇的場所。香港小童群益會訪問了超過
1,000 名居住在勞動階層聚居的深水埗區及觀塘區的中學生，發現
大部分人流連網吧，並因此增加了濫藥及類似問題的可能。研究還
發現甚少流連網吧的學生中，只有 10 名有濫藥習慣（Yu 2010）。

除了那些經常光顧夜總會和網吧的年青人，另一組引起社工
關注、屬「高風險」的年青人就是「夜青」。這些年青人不一定是
離家出走，卻愛在晚上流連公眾地方，吸食軟性毒品（不一定是
精神科藥物），在公眾地方騷擾途人和進行親暱行為（Lee 2000:
363）。許多人認為他們對公眾造成滋擾，有報告指出他們經常被
警察查問。很多「夜青」亦被標籤為「雙失青年」，因為他們沒有繼
續升學之餘亦沒有工作（Shek & Lee 2004: 146）。

「夜青」一詞由 90 年代後期開始為本地學者用於形容夜間到
處流連的邊緣青年（Groves et al. 2012: 558）。自此，這詞開始被社

工有策略地用來游説政府撥放資源，但他們亦指出這標籤意義含糊，認為這詞的含義比它實際所指更多。社工發現一些夜訪時遇到的年青人有時會接納「夜青」一詞，有時卻抗拒這標籤。有研究發現有年青人逃避社工，他們表面上拒絕承認他們需要社工的協助，實際上卻是想表明「我們不是夜青！」（Groves *et al.* 2012: 558）。

香港緊張的生活環境很多時都是濫用精神科藥物者及夜青行為的解釋。當中原因包括冷漠的家庭關係（父母身兼多職，未能或不想與子女享受有質素的生活）、離婚率增加、成績欠佳（尤其因為香港的教育制度是考試主導且充滿競爭），以及失業問題（Estes 2005; Lee 2000; Shek 2006）。「夜青」失業率的上升（見上文）和相關問題尤其嚴重。有研究指出受訪的 60 名「夜青」裏有一半人輟學，他們當中有一半人受聘於不穩定且無需技術或低技術的工作（Lee 2000: 368）。Lee（2000）的研究樣本中，「夜青」「對生活感到漫無目的和沉悶，較喜歡享樂主義的生活方式。他們相信教育和工作的唯一目的是擁有金錢和物質。」（Lee 2000: 371; Shek *et al.* 2011: 2251）研究中很多受訪者都十分注重外表（例如透過時尚服裝和化妝），特別是女生（Lee 2000: 368）。Shek（2006: 348）指出因受到香港重視物質和金錢的價值觀影響，加上來自低收入家庭的年青人的比例增加，年青人傾向及時行樂的心態，亦導致他們吸食毒品，甚至自殺（Chan *et al.* 2009）[1]。Estes（2005）亦警告：

> 社會上對經濟有困難的群體的援助比較少，日漸增加的低收入兒童、青少年及家庭的數量或會嚴重危害社會穩定，這也是現代香港前所未見的。

（Estes 2005: 224）

---

1. 一個近期開始浮現的問題是「援交」，年輕的少女（小部分年輕男性也有涉及）與比他們年長的男性約會，甚至進行性行為，去換取名貴禮物或金錢。很多人認為這只是一種賣淫方式，但社工指出很多涉及援交的少女認為，這是一種合法的方式去獲得在香港被追捧的物質商品（Shek *et al.* 2011: 2252）。

由於青少年本身有可能成為有用的公民（一些濫藥青少年為有名的國際學校學生），官方採取了很多不同方法打擊青少年服食精神科藥物的問題，包括成立專責小組、利用媒體宣傳（「不可一，不可再」的宣傳口號）勸阻年青人、在本地學校推行自願驗毒計劃，以及由不同非政府機構和院舍（如懲教署的戒毒所）推廣的活動（Laidler 2005; www.nd.gov.hk/en/drug_test.htm; Laidler 2009; Government of Hong Kong 2008）。另一方面，「拯救夜青」則較少受關注。「接觸」夜青的社工多是沒有家庭的年青男性，部分本身年輕時也是流連街頭的青年（Groves *et al.* 2012: 559; Groves *et al.* 2014）。他們很少會擺出控制或對立的姿態，反而是嘗試接近及同情（Groves *et al.* 2012: 560–61; Groves *et al.* 2014）。可是，這做法無疑令「夜青」感到身邊的都是志同道合的人，從而加強了這個風氣，使他們更遠離主流社會（Groves *et al.* 2012: 561）。似乎只有在香港進行各種選舉時，政府才對「夜青」問題有較多關注。政客偶爾會在晚上探訪邊緣青年，力圖表現出對「草根階層」的關心（Groves *et al.* 2014）。另一批政府較直接關注的是向上流動性較高，但政治活躍的年青人。

政治活躍的年青人——挑戰權力同時尋求身份認同

中央政策組與其他非政府機構在 2003 至 2006 年間進行的調查顯示，年青人的國民身份認同較高，當中認同「我認為自己是中國人」及「我認為我愛中國」的人所佔的比例上升。可是，這些調查均顯示他們認同自己為「香港人」多於「中國人」（Commission on Youth 2011: 7）。2010 年的調查指出 65.2% 介乎 15 至 19 歲的受訪者及 54.8% 介乎 20 至 29 歲的受訪者表示信任或非常信任香港政府。在 15 至 19 歲受訪者間，有接近四分至三（73.4%）表示較着重民主發展多於政府管治效率；68.5% 介乎 20 至 29 歲的受訪者有相同取態。這些發現強化了對年青人的展望，並反駁了年青人政治冷感的傳統印象。介乎 18 至 25 歲的已登記選民由 2006 年的 34% 增加至

2008年的40.2%，此組別之投票率亦由1999年的22.3%升至2007年的54.8%（Commission on Youth 2011: 4）。

　　除了以上的調查結果，部分在1980年代及1990年代出生的人口（後簡稱為「八十後」及「九十後」）已迅速成為政治活躍分子（political activism）和反對聲音的前線。他們的抗議活動導致他們與政府官員和警方衝突頻繁，這些活動部分是合法抗議，而部分是不合法的（抗議活動須得香港警方不反對通知）（DeGolyer 2010: 3）。Michael DeGolyer（2010: 38）撰寫有關香港社會不穩及八十後行動主義者的報告中，點出讓30歲以下人士感到「受壓」的不同因素：包括就業前景不佳、資源短缺、債務，以及愈來愈多內地人到港競爭工作和研究生名額。DeGolyer於2009年10月至2010年1月中調查部分香港市民的意見，發現八十後比老一輩表示「十分不滿/不滿香港的生活」的人多三倍。他認為老一輩「多接受較低程度教育，對時事較少認識，在政治上也比年青人較少參與」（DeGolyer 2010: 11）。年青人雖然不滿，但他們相信政治參與能有效地使政府聆聽和改變如貧窮問題及普選等的政策（DeGolyer 2010: 43）。

　　過去十年，公眾的焦點轉向「八十後」的社運人士，他們首次為公眾廣泛留意是在2010年反對興建廣深港高速鐵路（後稱高鐵）一事。一個稱為「八十後反高鐵青年」的反高鐵組織在立法會外抗議，批評高鐵計劃成本過高，會令香港人的生活更困難（Kang-chung 2010）。在2010年1月1日的泛民主派遊行中，一群八十後的示威者突破警方防線，衝擊中央人民政府駐香港特別行政區聯絡辦公室（中聯辦）。事件中有兩名警務人員及一名示威者受傷[2]。

2.　雖然高鐵鐵路在八十後極力反對下仍獲得通過，但示威者當時獲得廣泛社會關注。如文中所言，其後對政府政策的反抗更有政治影響力。

包括香港中文大學政治與行政學系的馬嶽教授在內的幾名學者就事件批評八十後，並指他們欠缺清晰的訊息：

> ……我看不到1月1日衝擊中聯辦有何清晰的目的。令人擔憂的是，這些示威看來沒有組織，如果出現了問題，沒有人可以控制場面。

> （Ng & Chong 2010）

可是，一些八十後示威者清晰地指出他們的行為是基於公眾諮詢的缺乏。一名參與反高鐵行動的 26 歲示威者表示，「政府只聽從有財有勢的人。就算有幾千人在街上抗議，政府也不願意認真聽從民意……故此，我選擇了這個方法去表達我的訴求。」（Ng & Chong 2010）。在 2010 年 1 月帶領反高鐵示威行動的黃衍仁亦有同感，他認為「政府置若罔聞，毫無意欲聆聽市民訴求。」（Lee & Hong 2010）。

多個學術研究進一步證明了這個說法。中央政策組委託香港大學社會工作及社會行政學系教授葉兆輝研究有關八十後反高鐵事件。研究指出，在 1,020 名 15 至 29 歲的受訪者間，「很多人認為政府以由上而下（Top-down）的方式與市民交流」，它們沒有「誠懇」地與年青人交流（Cheung 2011）。香港過渡期研究計劃（因追蹤後殖民地時期的社會及政治發展而成立）主任 Michael DeGolyer 的調查報告顯示，160 個 18 至 29 歲受訪者中，半數人認為政府「經常進行假諮詢」（Lee 2010）。72% 受訪者認為政府制定政策時並不公平，將部分人（例如關注香港能否維持政治穩定的北京）的利益置於其他人之上。DeGolyer 警告，年青人的不忿及絕望可能會令他們訴諸暴力（Lee 2010）。

一些新聞報道訪問青年示威者時會將焦點集中於他們本身的階級背景。一名社運「核心」成員陳景輝（1982年出生）於一個報道中指出，「我們都有正職，我們聚在一起是因為我們關注城市發展和堅持保護社會價值。如果把我們的不滿歸咎於我們缺乏向上流動機會實在是不切實際」（Ng & Chong 2010）。一些官員，例如

前布政司鍾逸傑爵士同情青年示威者，認為這是一個「對政府的當頭棒喝」（Wake-up Call for the Government），也是一個讓官員更熟悉年青一代和聆聽他們需要的機會（Lam 2010）。與「夜青」不同的是，他們並不屬於社會的邊緣，亦沒有面對教育或就業困難，八十後年青人有向上流動的能力。Groves 指出：

> 除了他們的年齡，他們的教育程度、職業和技術亦值得被留意。差不多所有被媒體訪問過的都是大專院校畢業，雖然他們的收入不一定很高。有些人擁有博士學位，或從事知識型（knowledge-based）行業如記者。他們多精通科技，有組織及常見於網上論壇。
>
> （Groves *et al.* 2014）

一些青年社運人士變成了政治的生產消費者（Political Prosumer）（Chu 2010），他們擅長透過社交媒體動員年輕支持者（以及愈來愈多支持他們、來自社會不同界別的人）和引起媒體和政府的關注。鑑於他們善於利用社交媒體表達觀點和組織示威活動，政客有責任回應他們對香港社會秩序做成的潛在威脅。

官員對抗議行為所作的回應搖擺不定，有時是抱着諮詢的心態，有時是譴責他們，好像未肯定應如何好好回應這些「問題」青少年。例如在2010年1月，儘管前特首曾蔭權就反高鐵事件承諾改善對不滿的青少年的諮詢工作，但他仍然譴責與警察發生衝突的示威者。他說：

> 有示威者不負責任衝擊立法會的行為，是違背了香港社會核心的價值、法治的精神及整體的利益，政府和廣大市民都絕對不會接受⋯⋯以衝擊手法破壞社會秩序，不但無法彰顯言論自由，反而會扼殺不同意見和和平理性的表達，示威人士必須要反思。
>
> （香港政府 2010）

曾蔭權的言論與時任保安局局長李少光相近，他重申：「我強烈譴責這些干擾社會秩序和破壞社會安寧的行為」（Ng & Leung

2010)。在提出以上言論的幾天前，曾蔭權曾特別提出如何更有效
與年青人溝通，很多人認為他態度之所以明顯轉變是為了「取悅中
央，我們可以預計當局將會採取更強硬的措施應付導致香港社會
不穩的因素」（Ng & Leung 2010）。從這些策略，我們明顯看見當局
依然採用刑罰精英主義的手法處理青年罪行，尤其是涉及暴力的
罪行。公眾諮詢則只是一個技巧，當無助於政治便利時便很容易
被放棄。

有觀察員指出北京官員一直有密切留意八十後的行動及香港
的政治局勢。中國人民政治協商會議全國委員會委員及中央政策
組首席顧問劉兆佳教授指出，北京很擔心青年問題，尤其是八十後
的不忿聲音和他們的未來發展，以及他們對中國的認知（Fung &
Lam 2011）。或許就是年輕人對中國的知識以及身份認同問題催
生了2012年春季提出的國民教育課程，並建議於2015年於香港推
行。社會各界隨即對事件表示極度關注，憂慮課程的目的是政治
洗腦（Chong 2012）。一些反對者擔心課程會令學生相信社會主義
比民主制度優越（Cheung 2012; Kang-chung 2012）。很多人認為《中
英聯合聲明》所提出的「一國兩制」將受威脅。聲明「清楚說明香
港現行的教育制度繼續保持，並且有別於中國其他地區的教育制
度」（香港政府 1985: 27）。香港教育學院管治與公民研究中心聯席
總監梁恩榮認為香港人：

> 擔憂他們思想及表達自己的自由……尤其是那些選擇在回歸
> 後留在香港的……他們相信香港固有的言論自由不單會維持不
> 變，隨着中國變得愈來愈開放，中國會變得更民主，人們會享有
> 更多權益，言論自由亦會好轉。

（Chong 2012a: 18）

一位名叫 Kiu Li（譯名）的社工參與了反國民教育的遊行。他
認為建議課程「好像毒奶粉一樣，影響下一代」（Lau *et al.* 2012）。

多個民調指出公眾對政府非常不滿，對政府的信心亦因其推
行國民教育的立場變得愈來愈少。一個由香港中文大學進行的電

話調查發現，863個受訪者中，差不多47%對行政長官的信心因他處理國民教育的手法而下降，只有4.5%指他們的信心上升（Kang-chung & Chong 2012）。由九十後學生團體「學民思潮」帶頭的反國民教育示威由學生領袖黃之鋒擔當領袖。學民思潮在網上社交媒體多次組織反對設立國民教育課程的示威，組織成員有時候會與警察對抗，在某次示威，一名成員被警方的胡椒噴霧射中（Lee 2012a）。黃之鋒質疑梁振英對公眾意見視若無睹。儘管社會對課程有強烈的反對聲音，梁振英仍堅決推行措施（Chong 2012b）。

得到廣泛公眾支持後，學民思潮率先於政府總部絕食，讓學生、學者及同意他們的市民加入了集會（Chan 2012b）。記者Alex Lo在報道中紀錄：

> 嘩！上周末展示了多利害的人民的力量啊？有關國民教育科的爭議已經變成了全面的政治危機。對於政府，這已不是推行與否或何時推行這個科目的問題，而是如何放棄它的同時挽回面子和信譽。

> 當有成千上萬個示威者帶同他們的小朋友去佔領政府總部時，代表你有很嚴重的麻煩了。當幾千名家長和教師開始質疑政府為兒童進行洗腦教育，推行國民教育就注定失敗。官員應該要承認這是一個政治上的失敗，並盡快減少他們的損失。

> （Lo 2012）

政府官員初時邀請學生參與委員會商討國民教育的課程，隨後，政府放寬讓學校可自行選擇不推行課程。（Lee 2012b）。可是示威者意志依然堅定，聚集於政府總部高喊「對話！對話！對話！」（Chan 2012b）。

其後特首梁振英逐步讓步，最後擱置推行國民教育，並讓學校自行決定開設此科目與否。事件被很多人稱為史無前例的逆轉和學民思潮的直接勝利（Lau & Nip 2012）。除了其戲劇性的發展，國民教育亦成為過去十年間最迅速被反對且最廣受批評的方案。這喚起了很多根深柢固且跨世代的對內地的記憶和不安感。在報

道中，一名學民思潮的社運人士講述他的祖父母在40年代為了逃避共產黨來到了香港，以及因天安門屠殺支持民主的學生的事件，他的家人對共產黨的不信任進一步加深，他亦談及他會參與六四燭光晚會。因此，他將是次事件與以前發生的事相提並論，認為「上一代逃離（共產黨）來到香港，現在我們要承受他們所逃避的」（Ngo & Lee 2012）。

小結——執政合法性及青年的公民身份

學民思潮的影響力使中央政府的智囊愈來愈關注年輕人利用社交媒體組織社會運動，特別批評學民思潮一類團體為極端組織，指他們不負責任地引起紛爭和社會憂慮（Ip 2012）。可是，學民思潮的勝利同時使北京加強監視香港那些拒絕服從的青少年，使官員不傾向採用殖民地年代的諮詢策略。長遠來說，香港青少年活躍於政治或會導致其偏差行為愈加增強，使得政府透過緊密監察，監管和懲罰那些不守常規的人（Muncie 2006; Tannenbaum 1938; Vaughan 2000）。

時任行政長官董建華管治下的政府在2001年發表的《香港年報》是最後一個有「前言」部分（回顧當年發生的事和情況[3]）的年報。年報熱切地評價新的問責制度，認為這個制度能「回應市民訴求」及「為施政帶來全新面貌」，它接着提到：

> 問責官員重視民意，更加體察民情和勇於面對市民大眾，以政績表現贏取市民大眾的信任和支持。這樣，特區政府將變得更

---

3. 2001年後的《香港年報》再沒有前言部分。這部分除了理所當然地讓政府宣傳理念外，更有展示政治精英看法的重要作用。第一屆香港特別行政區行政長官董建華遇到很多問題，如亞洲金融風暴及社會對他的否定及不信任。我們認為，刪去年報上的前言是一個審慎的決定，以避免因任何觀點而被異見人士批評的風險。

加開放，更容易直接聽到市民的聲音，更能夠及時回應市民的訴求，建立更得市民支持的政府。

（香港政府 2001）

這個對於諮詢的正面論述使讀者想起70年代的年報（見第四章）。在本書的第四章中出現了一句值得思考的句子，時任民政事務局局長總結了香港官員對有效諮詢的理想看法。70年代時，他主張香港實行「妥協」制度，與西方民主制度下容許持久的矛盾剛好相反。他認為：

當一個團體的領袖察覺到問題並將其提出時，香港的做法是把這領袖帶到制度裏解決問題，而不是把他排除在外，要他在一個永無可能發生的選舉中競爭。

（*Hansard* 1976）

令人質疑的是上述的青年團體是否被現今的官員視為合法團體，尤其是那些不願意妥協進行諮詢的政府官員，雖然青年領袖認為這諮詢只是官員的公關技倆。然而，儘管年青人有社會及文化的資本進入政壇，他們依然面對不少困難。前民政事務局局長曾德成曾在回應立法會的質詢時，指出只有6.4%的諮詢及法定組織有委任30歲以下的非官守議員。《南華早報》報道，各個法定機構的非官方委員會成員平均年齡接近60歲；在24個法定組織，總共356個成員裏，只有10個屬於40歲以下（Cheung & Fung 2010）。

「八十後」／「九十後」、「夜青」及濫用精神科藥物的年輕人隨着1997年亞洲金融風暴後慘淡的經濟狀況相繼出現（Grove *et al.* 2014）。邊緣青年也面臨進一步的挑戰，例如「夜青」融入社會而面對的困難，更不用說他們對爭取民主的參與。在這個國際城市裏，消費力最受重視，金錢和財富是「衡量所有東西價值的標準」。因此，身處社會邊緣的青少年尤其覺得被剝奪了（Mathews & Lui 2001: 10）。隨着香港貧富懸殊加劇，堅尼系數由1981年

的 0.451 升至 2007 年的 0.533（Government Hong Kong 1992）[4]，他們承受的壓力愈來愈大。

　　有趣的是，兩個群體的年青人屬於社會經濟和政治光譜中的兩個極端，卻同樣極力擺脫官員和媒體對他們的標籤。年青社運人士極力抗拒被標籤為無原因地進行犯罪行為的罪犯或者以反對為樂的無政府主義者（即沒有原因地反叛）。雖然「夜青」於一個完全不同的環境下產生，但他們同樣會抗拒被當成「夜青」去接受社工的援助。這兩個群體的年青人都認為這些標籤帶有負面意思並嘗試擺脫。Kitsuse（1980: 9）把他們定義為「三級偏差行為」（Tertiary Deviance），即「偏差者對其次級偏差行為（Secondary Deviance）伴隨着的負面身份作出反抗、排斥和評估，並將身份看成正面的自我形象」。Ktsuse指出：

> 在文化上被定義和歸納的、受過侮辱的、缺乏道德的及被社會排擠的人主動製造社會問題並且公開及毫無歉意地宣示自己的公民權利。

（Kitsuse 1980: 2–3，引文加入強調的標記）

　　雖然兩者性質相似，但八十後示威者的人數比「夜青」少得多，而前者卻受到較多政治關注。社工「被安排」服務「夜青」，改善其生活方式，而政界人士則主動對抗八十後和九十後的示威者。對兩者不同的回應建基於何為有價值的公民質素論述（*Groves et al.* 2014）。Groves與他的同事發現，社工經常提到「介入」晚上流連街頭的邊緣青年，社工認為他們是受到濫用毒品，或是不良的朋友和家人的威脅而「有危險」。他們「不是對社會構成危險，而是對自身」（*Groves et al.* 2014）。「夜青」返回正軌，但是透過社會工作回應他們的需要，他們可繼續流連於社會邊緣（Matza 1990〔1964〕），只要他們沒有嚴重地威脅香港未來的經濟和政治穩

---

4. 可參見www.cia.gov/library/publications/resources/the-world-factbook/geos/hk.html。

定。此外，雖然「高級」政界人物會偶爾探訪他們和與他們溝通，
但這些多會被視為政治手段；他們很少會被邀請參與任何青年論
壇或於公民社會中擔當任何角色 (Groves *et al.* 2014)。

　　一名退休警員亦有同樣看法，他與不同與青少年工作有關的
非政府機構有聯繫，包括與高危青少年相關的機構。當被問及對八
十後青少年和政府的回應，他指出：

> 我對香港的成年人、當權者處理青年事務的手法十分失望。
> 他們從來都不與青少年溝通，對他們的諮詢亦不足。他們太少問
> 及青少年想要些甚麼……你們一開始就假定年青人會攻擊成年
> 人，攻擊那些當權者，你們要知道年青人在想什麼！……這並不
> 代表你要同意他們的想法，但至少你知道你的……潛在的問題在
> 哪，可這還不夠，肯定還不夠……只是說他們很無知作為回應並
> 不會令他們願意跟你們作有意義的討論，甚至聆聽你們。

（研究訪問）

　　有別於60年代參與暴動的年輕示威者（見第四章），今天的
政治和公民行動由積極參與政治、社會和經濟事務的年青人擔
當領袖，他們挑戰政府，甚至有能力影響政策的推行，如阻止在
本地學校設立國民教育的方案。官員很關注參與抗議及反對政
府的示威者之階級背景。政府會認為「差劣的公民身份認同」是
較差的經濟環境所致，示威者通常被描述為「失業」、「半失業
（Underemployed）」、「教育程度低」和「在職場和學校的失敗者」
（Lam 2005: 313）。而八十後年輕示威者的出現挑戰了這個固有的
概念。Algappa (1995a: 30) 指出（或警告）：「在所有政治制度中，
公眾都有潛力使政府失去執政合法性。」八十後及九十後的青少年
啟發和動員公眾參與大型社運，對抗後殖民地的香港政治權力；
而正正就是因他們有力帶來各種後果，這些團體備受關注。

　　有人認為社工「被批准」純粹與「夜青」做朋友，無需嘗試把
他們帶回正軌（即讓他們重返日間，成為合法的經濟生產力），這
是因為「夜青」已被視為「受污染」的公民（Besmirched Citizen），

其意見似乎被視為毫不重要。另一方面，八十後和九十後那些政治活躍及變幻無常的青少年擁有社會和文化資本，他們有潛質成為「出類拔萃」（Par Excellence）的公民，故此「值得」政府去聆聽他們的聲音，並拉攏他們。可是後者拒絕接受政府的提議，不向精英強權投降，而選擇挑戰一直由香港殖民地時期沿用至今的刑罰精英制管治方式。因為以上的因素，有效且具建設性地回應青少年，是今日後殖民地時期政府在政策上最重要的工作。

參考資料

Alagappa, M. (1995a). "The Anatomy of Legitimacy," in M. Alagappa (ed.) *Political Legitimacy in Southeast Asia: The Quest for Moral Authority*. Stanford: Stanford University Press, pp. 11–30.

Chan, C. (August 31, 2012a). "Teens in Hunger Strike as Schools Just Say No," *The Standard*, P10.

—— (September 4, 2012b). "Gulf Widens," *The Standard*, P01.

Chan, S. (July 9, 2010). "Serious Youth Drug Offenses Fall 33pc," *The Standard*, P10.

Chan, W., Law, C. K., Liu, K. Y., Wong, P. W. C., Law, Y. W. and Yip, P. S. F. (2009). "Suicidality in Chinese Adolescents in Hong Kong: The Role of Family and Cultural Influences," *Social Psychiatry and Psychiatric Epidemiology 44*(4): 278–84.

Cheung, G. (January 6, 2011). "Youngsters Feel Disconnected from the Government, Survey Finds," *South China Morning Post*, EDT3.

Cheung, G. and Fung, F. (January 28, 2010). "Young Voices Unheard on Most Advisory Bodies," *South China Morning Post*, EDT2.

Cheung, M. (July 15, 2012). "No Stopping 'National' Classes," *South China Morning Post*, EDT3.

Cheung, N. and Cheung, Y. (2006). "Is Hong Kong Experiencing Normalization of Adolescent Drug Use? Some Reflections on the Normalization Thesis," *Substance Use & Misuse 41*(14): 1967–90.

Chiu, S. and Lui, T. -L. (2004). "Testing the Global City: Social Polarisation Thesis: Hong Kong since the 1990s," *Urban Studies 41*(10): 1863–88.

Chong, D. (July 5, 2012). "Education Chief Fails his First Tiananmen 'Test'," *South China Morning Post*, CITY3.

Chong, W. (July 27, 2012a). "Class Struggle," *The Standard*, P18.

—— (July 31, 2012b). "Judge for Yourselves," *The Standard*, P01.

Chu, D. (2010). "In Search of Prosumption: Youth and the New Media in Hong Kong," *First Monday 15*(2–1): n.p.

Commission on Youth (May 2011). *Youth in Hong Kong, A Statistical Profile 2010*, Executive Summary. Hong Kong: Social Sciences Research Centre, University of Hong Kong.

DeGolyer, M. (2010). Protest and Post-80's Youth: Sources of Social Instability in Hong Kong. Hong Kong: Hong Kong Transition Project.

Estes, R. (2005). "Quality of Life in Hong Kong: Past Accomplishments and Future Prospects," *Social Indicators Research 71*(1): 183–229.

Fung, F. and Lam, T. (March 4, 2011). "CPPCC Aims to Develop Young Patriots in HK," *South China Morning Post*, EDT5.

Government of Hong Kong (1992). *1991 Population Census Main Report.* Hong Kong: Hong Kong Government Printer.

—— (2001–17). *Hong Kong Annual Digest of Statistics.* Hong Kong: Hong Kong Census and Statistics Department.

—— (2003–17). *Fight Crime Committee Annual Report.* Hong Kong: Hong Kong Government Printer.

—— (2008). *Report on the Task Force on Youth Drug Abuse.* Hong Kong: Security Bureau, Narcotics Division.

Groves, J., Ho, W.-Y. and Siu, K. (2012). "Youth Studies and Timescapes: Insights from an Ethnographic Study of 'Young Night Drifters' in Hong Kong's Public Housing Estates," *Youth and Society 44*(4): 548–66.

Groves, J., Siu, K. and Wai-Yip, H. (2014). "The Post-80s Generation, Young Night Drifters, and the Construction of 'Generic' Youth Subjects in Hong Kong," *Journal of Youth Studies 17*(6): 829–46.

Hansard (1976). *Hong Kong Legislative Council Records of Proceedings, 4 August.* Hong Kong: Hong Kong Government Printer.

Ip, K. (December 19, 2012). "Free Speech Fears on Web Curb Call," *The Standard*, P02.

Jones, C. and Vagg, J. (2007). *Criminal Justice in Hong Kong.* New York: Routledge-Canvendish.

Kang-chung, N. (January 8, 2010). "Young Protestors Lure the Curious," *South China Morning Post*, EDT3.

—— (July 13, 2012). "Biased Text's Publisher Hits Back," *South China Morning Post*, CITY4.

Kang-chung, N. and Chong, T. (July 31, 2012). "Leung Tries to Placate Angry Parents," *South China Morning Post*, EDT3.

Kitsuse, J. (1980). "Coming Out All Over: Deviants and the Politics of Social Problems," *Social Problems 28*(1): 1–13.

Laidler, K.J. (2005). "The Rise of Club Drugs in a Heroin Society: The Case of Hong Kong," *Substance Use & Misuse 40*(9-10): 1257–78.

—— (2009). "Correctional Services Department," in M. Gaylord, D. Gittings and H. Traver (eds) *Introduction to Crime, Law and Justice in Hong Kong.* Hong Kong: Hong Kong University Press, pp. 185–203.

Laidler, K.J. and Hunt, G. (2008). "Sit Down to Float: The Cultural Meaning of Ketamine Use in Hong Kong," *Addiction Research and Theory 16*(3): 259–71.

Lam, A. (January 13, 2010). "Group to Rally in Support of Link," *South China Morning Post*, EDT2.

Lam, W.-M. (2005). "Depoliticization, Citizenship, and the Politics of Community in Hong Kong," *Citizenship Studies 9*(3): 309–22.

Lau, S., Chong, T. and Tam, J. (July 30, 2012). "Rally Leaders Reject National Study Offer," *South China Morning Post*, EDT1.

Lau, S. and Nip, A. (September 9, 2012). "Leung's 11th Hour U-turn on Education," *South China Morning Post*, EDT1.

Lee, A. (July 10, 2012a). "School Activists Wage War on National Education," *South China Morning Post*, CITY3.

—— (September 1, 2012b). "C.Y.'s Visit doesn't Impress Student Group," *South China Morning Post*, CITY3.

Lee, C. (April 1, 2010). "Warning of Post-80s 'Powder Keg'," *The Standard*, P10.

Lee, C. and Hong, K. (January 15, 2010). "POST 80s REBE," *The Standard*, P18.

Lee, F.W.-L. (2000). "Teens of the Night: The Young Night Drifters in Hong Kong," *Youth & Society 31*(3): 363–84.

Lo, A. (September 3, 2012). "National Education a Lost Cause for CY," *South China Morning Post*, EDT2.

Lo, S. (2007). "The Mainlandization and Recolonization of Hong Kong: A Triumph of Convergence over Divergence with Mainland China," in J. Y. S. Cheng (ed.) *The Hong Kong Special Administrative Region in its First Decade*. Hong Kong: City University of Hong Kong Press, pp. 179–223.

Ma, N. (2007). *Political Development in Hong Kong: State, Political Society, and Civil Society*. Hong Kong: Hong Kong University Press.

Matthews, G. and Lui, T. -L. (eds) (2001). *Consuming Hong Kong*. Hong Kong: Hong Kong University Press.

Matza, D. (1990 [1964]). *Delinquency and Drift*. New Jersey: John Wiley & Sons.

Muncie, J. (2006). "Governing Young People: Coherence and Contradiction in Contemporary Youth Justice," *Critical Social Policy 26*(4): 770–93.

Ng, J. and Chong, T. (January 9, 2010). "We're Organised, Motivated - and Employed," *South China Morning Post*, EDT3.

Ng, J. and Leung, A. (January 19, 2010). "Protests Not in HK Interest, Chief Says," *South China Morning Post*, EDT1.

Ngai, N.-P. and Cheung, C.-K. (2005). "Predictors of the Likelihood of Delinquency: A Study of Marginal Youth in Hong Kong, China," *Youth and Society 36*(4): 445–70.

Ngo, J. and Lee, A. (September 9, 2012). "We Can't Accept the Communism Our Relatives Fled," *South China Morning Post*, EDT6.

Shek, D. (2006). "Adolescent Developmental Issues in Hong Kong: Relevance to Positive Youth Development Programs in Hong Kong," *International Journal of Adolescent Medicine and Health 18*(3): 341–54.

—— (2007). "Tackling Adolescent Substance Abuse in Hong Kong: Where We Should and Should Not Go," *The Scientific World Journal 7*: 2021–30.

Shek, D. and Lee, B.M. (2004). "'Non-engaged' Young People in Hong Kong: Key Statistics and Observations," *International Journal of Adolescent Medicine and Health 16*(2): 145–64.

Shek, D., Lee, B. and Chow, J. (2005). "Trends in Adolescent Suicide in Hong Kong for the Period of 1980 to 2003," *The Scientific World Journal 5*: 702–23.

Shek, D., Ma, H. and Sun, R. (2011). "A Brief Overview of Adolescent Development Problems in Hong Kong," *The Scientific World Journal 11*: 2243–56.

Tannenbaum, F. (1938). *Crime and Community*. New York: Columbia University Press.

Tsang, S. (2004). *A Modern History of Hong Kong*. Hong Kong: Hong Kong University Press.

United Nations Office on Drugs and Crime (UNODC) (2010). *World Drug Report, Drug Statistics and Trends*. New York: UNODC.

Vaughan, B. (2000). "Punishment and Conditional Citizenship," *Punishment & Society 2*(1): 23–39.

Yu, R. (March 8, 2010). "Study Reveals Internet Cafes as Dens of Drugs and Sex for Youth," *The Standard*, P06.

香港特別行政區政府（1985）。《香港年報》。香港：政府新聞處。

—— （2001）。《香港年報》。香港：政府新聞處。

—— （2010年1月18日）。行政長官回應立法會通過高鐵撥款（附短片）。新聞公報。檢自www.info.gov.hk/gia/general/201001/18/P201001180223.htm

9

總結

政府處理青少年犯罪的手法，可以作為了解政治權力建構的一個窗口。通過研究分析精英分子如何應對「問題」青少年和青少年犯事者，可以反映出他們對社會秩序、管治能力、執政合法性和公民身份的關注。

　　透過分析香港政府處理青少年犯罪的方法，我們追溯殖民地時期至今，刑罰精英式管治思維及政府與市民關係的發展（Loader 2006: 562）。我們認為，政府處理青少年犯罪的手法，可以作為了解政治權力建構（如政府的執政合法性）的一個窗口（Chalfin 2010: 41；引自Aas 2012: 16）。罪案，尤其是青少年罪案，不只是純粹的個別犯罪行為，還可以反映出一些超越個別罪案層面的因素和問題。處理青少年犯罪的手法特別能呈現更廣泛的文化現象及政治情況。在追溯香港社會對青少年犯罪的觀感和反應的過程中（又稱Deviance Dance）（Bereska 2008），造就出本書這個對香港的個案研究。書中用以論證的章節根據時序來排列，討論了從殖民地時代至今的一些關鍵爭議、法律改革和政策。綜合前述章節，下文會道出它們在理論層面上的關係。

權力建構與處理青少年犯罪的政策

　　過去數十年間，在上世紀60年代末期一場牽涉不少青少年的暴動發生後，政府官員有鑑於離心人群不斷增加，開始思考如何有效維持和保障社會秩序，以及他們的執政合法性（Cheung 2009: 11–12; Cooper 1970: 289）。第四章中，我們探討了在內地文化大革命的陰影下，一場涉及青少年向政府表達反抗之心的六七暴動如何警醒政府要留意市民的需要，尤其是當時青少年人口比例不斷增加，卻又不認為自己是香港市民（Lam 2005）。儘管1997年香港回歸中國在上世紀70年代還似是遙不可及之事，近年有證據顯示當時的官員已清晰了解有需要通過維持社會秩序和穩定，以確保一個順暢的權力交接（Cheung 2009: 140; Yep & Lui 2010）。

　　六七暴動在上世紀70年代初仍然影響着大眾，社會上對愈來愈多涉及青年人的暴力罪行和香港警隊廣泛的貪腐行為的關注不斷提升（Jones & Vagg 2007; McWalters & Carver 2009）。立法局內對犯罪情況的討論由官守議員（常任議員的政治精英）和非官守議員

（多數是華人商賈領袖）進行；這些非官守議員雖負責反映大眾意見，但很大程度上都是為政府服務，所以幾乎不會挑戰政治精英的指示（Davies 1977: 64, 68; Endacott 1964: 234; Lau 1982: 27; Miners 1994）。

紀律及福利並重建構青年人公民意識

非官守議員對青少年罪行表達關注，政府官員亦然，因而開始推行公眾諮詢此新做法。事實上，立法局內的討論反映了他們重視回應公眾的關注，多於研究有關青少年罪行的修復式處理手法；換句話說，有建議要求「更強硬」對付青少年罪犯和懲罰他們，尤其因為青少年罪犯持續動搖殖民地時期的社會及政治穩定。對此，政府快速地建立了一系列懲教所，如教導所及勞教中心。懲教所對青少年罪行的處理手法被Patricia Gray稱為「着重紀律及福利並重」（Disciplinary Welfare），亦即「刑期短、紀律嚴及阻嚇力大」的步操、演練及運動，以至職業培訓及教育（Gray 1991, 1997）。大眾深信這系統的阻嚇作用，但我們需留意對紀律的重視其實並非與懲罰掛鈎，着重紀律及福利並重主要是為重新建構肇事青年人的公民意識，即對所處社會（香港）的身份認同。（Loader 2006: 565; Vaughan 2000）。

接着，我們追踪了香港自上世紀70年代以來的快速發展，政府投資了各種社會項目，如公共房屋、教育、社會福利、醫療及健康服務。70年代末政府有能力提供有效的社會服務，並通過一系列的懲教制度及着重紀律及福利並重的手法處理青少年罪行，其表現亦得到肯定。政府對當時的做法非常有信心，以致當立法局內非官守議員（也許無可避免地）向官守議員申述民間對青少年罪行的關注時，他們的意見立即被駁回。這些非官守議員的關注和對青少年罪犯使用更嚴厲刑罰的要求，被視為不合適的青少年罪犯處理手法。政府官員透過在70年代早期推行的着重紀律及福利並重政策的成效來捍衛自己的觀點。

刑罰精英式管治的發展

第四章也追溯了我們所稱的刑罰精英式管治如何在英殖香港產生。最近可供比較的時期為英國的自由精英主義時代,當時社會由一小撮男性主導,政府僅會因應政治形勢回應公眾有關罪案及司法的訴求(Ryan 1999: 1, 5)。即使進行諮詢亦只是表面形式,且僅會於政治上有需要及便利時才展開。香港的刑罰精英式管治與此十分接近,不過當中主導的少數精英是以英文為母語的英籍白人,而且他們比大部分華裔非官守議員更有權勢。更重要的是,由於香港缺乏民主進程,他們只會在政治上便利時才對公眾的關注作仔細回應。因此,為了確保政府的執政合法性及顯示其仁慈式管治,着重紀律及福利並重式的處理青少年犯罪的手法因而出現(Johnstone 2000: 163)。

提高最低刑責年齡有利與國際接軌

上世紀60年代末香港的動亂還催生了有關最低刑責年齡的討論。第五章探討殖民地時代至九七回歸後幾年間,這些爭論及相關政策回應。儘管把最低刑責年齡從7歲提高至10歲的討論定期在70年代至90年代間出現,有系統而廣泛的諮詢在回歸後才迅速進行,以廣納市民意見。有關法例終於在2003年修改,儘管有非政府機構倡議把最低刑責年齡提高到12或14歲,政府最終把它提高至10歲而已。

我們對香港在最低刑責年齡上的討論有兩重關注。第一,最低刑責年齡具備一個透過成文法去界定身份的作用,牽涉到具爭議性的兒童時期的概念、認知成熟和道德問題。儘管在很多地方(特別是那些受到新保守主義式管治方法影響的地方),爭論往往在於是否應該降低最低刑責年齡以「更強硬」對待青少年犯事者(Cipriani 2009),但此情況沒有在香港出現。一直以來,我們都將低於最低刑責年齡的犯事兒童視為在社會環境影響下的無辜受害者。第二個關注更加緊扣本書主旨,我們追溯上世紀70年代至

九七回歸前的動盪時期，政府對於最低刑責年齡的回應，希望用以探討有關公眾諮詢和立法時機的更深層次的問題。

上世紀70和80年代期間，對於應否將最低刑責年齡從7歲提高的爭論最終沒有改變法律，主要是因為當時主流觀點認為低於最低刑責年齡的兒童是不具備犯罪意圖的無辜受害者。其主要論點是如果最低刑責年齡被提高後，較年長的罪犯會否可能操縱這些低於最低刑責年齡的兒童犯事。再者，由於公眾對於不斷上升的犯罪率提高關注，一些官員認為重新審視最低刑責年齡亦是不必要。隨後的80年代，不同的政治事件接踵而來，如導致政府「執政合法性出現危機」的1982年簽訂的《中英聯合聲明》和1989年6月4日的天安門廣場事件（Scott 1989; Tsang 2004: 247–48）。有鑑於這些疑慮，香港在1991年草擬了《香港人權法案條例》，並開始參考國際間的人權條例，從而安撫市民，並確保他們的權利和自由受到保障（Tsang 2004: 250）。

90年代期間，人權和國際化的論述因而開始抬頭，其中一個原因是臨近九七回歸的特別政治考量。1994年開始，聯合國《兒童權利公約》適用於香港本地個案，對於最低刑責年齡的爭論亦因此無可避免地重啟。九七回歸後，香港成為中華人民共和國的特別行政區，實行「一國兩制」（一國兩制是指中央政府承諾不會對特區施加政治和經濟干預，並且容許香港的資本主義和法律制度在不受干預的情況下繼續運行五十年）。理論上，這個模式容許中國內地能夠加緊「趕上」香港的政治和法治步伐。然而實際上，市民對於這一新政體有可能受到北京的干預感到極大的懷疑和不安。這些關注集中在所謂的「內地化」問題上，即「讓香港在政治上更加依靠北京，經濟上更加依賴內地支持，社會變得更加愛國和在法律上更依賴中國全國人民代表大會對《基本法》的詮釋。」（Lo, 2007: 186）。

在缺乏執政合法性下，新政權需要顯示它們能夠拿出與殖民地政府同等的表現（Alagappa 1995b: 31）。在此背景之下，也許這

是最好的時機去重新審視青少年司法制度。在政府的指示下，法律改革委員會（法改會）在1999年啟動廣泛的公眾諮詢去收集公眾對最低刑責年齡的意見。政府接觸了不同的非政府機構及主要持分者，許多都有提交正式報告，並為2000年的法改會報告所考慮。在第五章中，我們臚列了一些希望保持現狀或提高最低刑責年齡的主要論點。我們指出國際化的論述與純真的兒童時期的論述相融合，從而令政府決定在2003年更改法律，將最低刑責年齡從7歲提高至10歲。一些非政府機構提倡應該把這年齡提高到超過10歲，但是政府觀點保守，並認為這相對地較小的升幅能夠令香港與國際人權標準接軌，同時亦容許政府有時間在再一次提高最低刑責年齡前，審視將其提高至10歲的影響。

在也許是回歸以來最大型的公眾諮詢和經過細心考慮的最低刑責年齡的立法修改之下，我們看到儘管缺乏民主進程，但是政府彷似更加聽取市民意見及顧及人權。為了進一步回應大眾對於最低刑責年齡升幅保守的批評，政府承諾幾年內會檢討提高最低刑責年齡的成效，同時會強化刑事司法系統的替代計劃，如以復和司法處理青少年犯事者。

憂復和司法改變良好管治

可是上述檢討未有發生，而復和司法的計劃亦從未在香港展開。隨着時間過去，我們開始清楚了解回歸時期對於這個新政權是十分敏感的，因為它們需要顯示他們能與國際人權標準接軌，以及有力維持法治。第六章中，我們深入研究為甚麼在過去十多年間復和司法的方案從未啟動。在國際間，復和司法很快地成為了在正式青少年司法回應之外廣受歡迎的替代方案，這理念讓犯事者與受害者共同參與，如 "Healing Circle"、受害者和犯事者的調解和會議。這理念的主要目標是希望修補兩方，包括對他們身邊的人所造成的傷害，並且在可行的情況下尋求/給予寬恕（Braithwaite 1989, 2002）。很多復和司法的計劃都是為青少年犯事者設計的，因為他們多被認為可在認知和行為上被改正；復和司法計劃的另一目的

是作為一個讓犯事者「重新融入的儀式」（Reintegration Ceremony）
（Braithwaite & Mugford 1994）。

　　儘管復和司法的理念在北美、英國、澳洲和新西蘭等地大受
歡迎，但是在香港卻一直有阻力反對引入復和司法。在第六章，我
們了解不同持分者（如社工和青少年司法制度執業者）的意見，有
一部分人積極地游說政府進行改革。很多人對讓受害人參與復和
司法計劃的做法存疑，特別是考慮到香港的文化、受害者可能會失
去面子的情況，以及部分青少年所犯的罪行未必有一個實際的受
害者去參與。儘管如此，這些持分者依然強烈支持引入某些復和
司法模式，然後小心和有系統地檢討這些措施的成效。我們亦看
到近年民調顯示支持復和司法的人相當多。

　　然而，政府官員斷然拒絕在香港推動任何復和司法的試點計
劃。許多政府報告對現有系統和計劃，如警司警誡計劃（一個被
視為協助青少年犯事者方面相當有效的替代計劃）表達極大信心
（見第三章）。再者，政府在 2003 年開始嘗試，並在 2007 年正式
採用家庭小組會議計劃，這計劃讓犯事者的家長能與社工或者其
他專業人士見面和商討如何防止子女重犯。一些評論認為家庭小
組會議計劃並不能完全與更着重「復和」的計劃比較，尤其是因為
家庭小組會議計劃排除了受害者的參與。儘管如此，政府官員依然
認為現有系統運作良好，不適宜進行任何改動。更重要的是，在過
去幾年引進復和司法與否的爭論中，政府並沒有實在地研究公眾
意見，而且政府常會預期公眾意見與自己立場一致，並認為公眾多
會拒絕復和司法這種較軟性的做法。

　　我們認為政府沉默的原因在於政府不想冒險，因為現行的
制度有效，並讓政府因良好管治而獲得執政合法性（Alagappa
1995a）。進一步來說，復和司法的計劃不僅是為正式的青少年司
法制度提供替代方案，而是如 Ashworth（2002）所說，復和司法可以
「取代政府的司法程序去處理各類案件和不同犯事者」，並且可在
一些政府只是扮演「配角」（A Residual Role）的社會中實行。刑罰

精英制的香港政府可能害怕如果試驗復和司法,他們有可能失去對青少年司法制度的控制和權力,尤其是原有系統為他們帶來成功和合法性。

廢除無罪假設配合國際化論述

另外一個最近展示刑罰精英主義的管治方式是對於青少年性罪行的回應。這些回應同時反映出有關最低刑責年齡的諮詢和在1997年回歸後的法律改革其實相當罕見。在2010年間,一連串青少年強姦其他兒童的事件引起極大關注。我們在第七章細研了這些案件和相關回應。與1999年的大型公眾諮詢相反,法改會很快地發表了一份報告,批評當時14歲以下青少年因普通法無罪假定而免被起訴強姦。這普通法假定認為這些青少年無性交能力和無犯相關罪行的意圖。這個無罪假設在2010年沒有被推翻。這次法改會沒有進行任何諮詢,但它在類似於2000年法改會有關最低刑責年齡的諮詢報告中指出,這個無性交能力和意圖的假定已經在世界上不同的地方,如英國、新西蘭和一些澳洲的省份被廢除。

發表這份報告後不久,政府在2011年6月下旬在沒有諮詢公眾的情況下決定廢除上述法律假定。我們分析上述案件的新聞報道及法改會報告後發現,青少年性罪犯被一致地歸類為必須被譴責和懲治的施害者,而不是需要保護和關心的受害者。國際化的論述(與國際間處理青少年性罪犯做法的趨勢接軌)與青少年性罪犯為施害者的論述相混合,使政府聚焦在他們的犯罪行為,而不是他們的心理和社會上的需要。政府官員沒有在更改法律前實在研究過公眾的意見。這些報告再一次假設公眾意見同意政府把青少年和兒童犯下的性罪行刑事化。

不同持分者對法改會的報告和政府的回應有很多批評,倡議保護兒童的人士和一些非政府機構批評這報告沒有諮詢公眾以及官員歸咎兒童的態度。在第七章中,我們認為法改會和政府的回應沒有考慮到很多青少年性罪犯有可能本身亦是性罪行或其他傷害

的受害者，而直接令他們做出犯罪的行為（Erooga & Masson 2006; Hill *et al.* 2007: 30; McAlinden 2005; Miner & Munns 2005: 500）。這個情況之下很難為青少年性罪犯尋求治療，因為主流意見都認為他們是施害者，而不是受害者。

公眾諮詢只為加強執政合法性

綜合而言，在 1997 年回歸後的十多年間，我們可以看到在2001年有關提高最低刑責年齡的廣泛公眾諮詢其實是一個偽民主做法，意在加強執政合法性。在 2010 年時，公眾的意見則被假定為支持加強「安全」的目標，無論是成人及青少年性罪犯的懲罰。因此，如何回應嚴重青少年罪行就繼續掌握在一小群政治精英手上，而公眾諮詢則會因應政治上的便利時才會進行。儘管目前的政府並不是僅僅掌控於一小圈子的男性之中，但這一個刑罰精英式的管治理念依然存在。

回應「夜青」與八九十後

在最後一個論證章節第八章中，我們研究超越嚴重青少年罪行處理手法的範疇，進而研究政府處理高危或「問題」青年的手法。我們聚焦在「青少年公民身份光譜」的兩個極端；其中一個極端就是「夜青」，他們是一群被邊緣化的青少年（多是男性），有些更濫用精神科藥物或失業/半失業，他們多會在夜間為日間社會佔據的狹窄空間找到新用途。另一端則是受過教育、政治上活躍的「八十後」和「九十後」青少年，他們在組織（多是透過社交媒體）大型反政府施政示威活動上的能力引起了廣泛關注。這兩組的青少年都被不斷上升的青少年失業率、競爭激烈的教育系統和就業市場（部分原因可能是從中國內地而來的競爭），還有需要完成「香港夢」（如擁有一輛車、一層樓和經濟上有能力供養父母）的壓力所影響（Estes 2005; Lee 2000; Shek 2006）。儘管他們的回應有所不同，如「夜青」的反叛行為和八十後的政治行動，這兩組人都

在用自己的方法回應社會為他們帶來的疏離感（感到自己只是香港的居民而非公民）。

該章節之後探討了對這兩組青少年的回應。這些回應受到公眾對社會「內地化」的關注的影響，尤其是害怕政治自由會逐漸消失，以及中央政府「干預」香港的民主進程（Estes 2005: 208）。香港特區政府主要還是關注執政合法性的問題。政府很關注那些被他們認為有可能成為有價值的公民的青少年，如八十後和九十後的示威者。「夜青」並不被認為是一個需要去解決的「問題」。社工（多數是與這些「夜青」有着類似夜間生活的單身年輕男性）並不會嘗試將這些「夜青」拉回合法社會的懷抱之中，他們反而會嘗試與「夜青」交朋友，並認可他們這些離經叛道的生活方式（Groves *et al.* 2012; Groves *et al.* 2014）。再者，除了如立法會等選舉期間外，政客平時較少留意「夜青」（Groves *et al.* 2014）。這些「夜青」在經濟上被排除在外，他們的公民身份亦較少受到關注。相比之下，官員更關注年輕的政治活躍分子。

第八章的總結聚焦在一個惹怒了許多香港市民的事件之上，即政府在2012年提議於2015學年起在學校課程中引入國民教育。社會上不同團體對於這個有可能被濫用成為政治洗腦的課程深表關注，並且認為政府為向北京表示忠誠而忽略了市民對課程的意見。儘管政府聽到市民有反對聲音，亦沒有意圖改變立場，直到一個由九十後學生組成的組織──學民思潮的出現，局面才有所改變。學民思潮的絕食運動引起了廣泛關注、支持以及媒體報道，一開始政府曾希望與學民思潮進行商討，最終更決定擱置推行計劃（學校可以獨立決定是否教授這一課程）。學民思潮的行動隨後被認定為「香港民主進程中的轉捩點」[1]。

---

1. "Slice of Life: Heros of the Year!" Big Smong blog, *Time Out Hong Kong*, December 17, 2012, www.timeout.com.hk/big-smog/features/55067/slice-of-life-heroes-of-the-year.html

時至今日，儘管政府依然關注青少年濫用精神科藥物和加入黑社會的議題，但是政府和媒體的主要焦點，還是更多的放在那些有機會影響政府執政合法性的八十後和九十後青年人身上。從學民思潮有力地反抗政府刑罰精英式又行之有效多年的「諮詢」中，我們可以看到他們有能力帶出更多政府與市民之間日漸變差的關係的問題。

從上世紀60年代末一些支持共產黨理念的年輕人，到今天於政治上活躍和有力量的年輕人對共產黨干預的反抗，我們看到香港對青少年犯罪和犯事者的回應，很多時候與中國內地的政治和社會情況息息相關。在撰寫此書時，我們並不希望純粹檢視現今的青少年犯罪趨勢，亦不是在檢驗犯罪的原因或特定的犯罪學理論是否適用於香港。此書的主要理論貢獻在於強調從上世紀70年代以來一直處於重要地位的刑罰精英式的管治模式對青少年犯罪的回應。我們研究了各界對青少年犯罪和犯事者的觀感和回應，並且嘗試將它們置於國際間的趨勢和青少年司法的做法當中（即與刑罰民粹主義、新自由主義和新保守主義這些於不同國家所採用的模式作比較）。我們當然留意到對精英的論述和權力的反抗不僅來自八十後青少年，同時來自不同的非政府機構成員，他們多認為有關青少年犯事者的需要的公眾諮詢相當有限。可是，香港的管治架構側重於政治上有聯繫（例如來自同一黨派）且富裕的人，他們在沒有民主的制衡下進行管治。通過研究分析這些精英分子如何應對「問題」青少年和青少年犯事者，可以反映出他們對社會秩序、管治能力、執政合法性和公民身份的關注。香港的青年人不論在政治上是否活躍、有否出現偏差行為、腰纏萬貫還是一貧如洗，他們對自己的未來和自由都會十分關注。

參考資料

Aas, K. (2012). "'The Earth is One but the World is Not': Criminological Theory and its Geopolitical Divisions," *Theoretical Criminology 16*(1) (February): 5–20.

Alagappa, M. (1995a). "The Anatomy of Legitimacy," in M. Alagappa (ed.) *Political Legitimacy in Southeast Asia: The Quest for Moral Authority*. Stanford: Stanford University Press, pp. 11–30.

—— (1995b). "The Bases of Legitimacy," in M. Alagappa (ed.) *Political Legitimacy in Southeast Asia: The Quest for Moral Authority*. Stanford: Stanford University Press, pp. 31–53.

Ashworth, A. (2002). "Responsibilities, Rights and Restorative Justice," *The British Journal of Criminology 42*(3): 578–95.

Bereska, T. (2008). *Deviance, Conformity, and Social Control in Canada*, 2nd edn. Toronto: Pearson.

Braithwaite, J. (1989). *Crime, Shame and Reintegration*. Cambridge: Cambridge University Press.

—— (2002). *Restorative Justice & Responsive Regulation*. Oxford: Oxford University Press.

Braithwaite, J. and Mugford, S. (1994). "Conditions of Successful Reintegration Ceremonies: Dealing with Juvenile Offenders," *The British Journal of Criminology 34*(2): 139–71.

Chalfin, B. (2010). *Neoliberal Frontiers: As Ethnography of Sovereignty in West Africa*. Chicago: University of Chicago Press.

Cheung, G. (2009). *Hong Kong's Watershed: The 1967 Riots*. Hong Kong: Hong Kong University Press.

Cipriani, D. (2009). *Children's Rights and the Minimum Age of Criminal Responsibility: A Global Perspective*. Surrey: Ashgate.

Cooper, J. (1970). *Colony in Conflict: The Hong Kong Disturbances May 1967-January 1968*. Hong Kong: Swindon Book Company.

Davies, S. (1977). "One Brand of Politics Rekindled," *Hong Kong Law Journal 7*(1): 44–87.

Endacott, G. (1964). *Government and People in Hong Kong 1841–1962: A Constitutional History*. Hong Kong: Hong Kong University Press.

Erooga, M. and Masson, H. (2006). "Children and Young People with Sexually Harmful or Abusive Behaviours: Underpinning Knowledge, Principles, Approaches and Service Provision," in M. Erooga and H. Masson (eds) *Children and Young People Who Sexually Abuse Others: Current Research Developments and Practice Responses*, 2nd edn. London: Routledge, pp. 3–17.

Estes, R. (2005). "Quality of Life in Hong Kong: Past Accomplishments and Future Prospects," *Social Indicators Research 71*(1): 183–229.

Gray, P. (1991). "Juvenile Crime and Disciplinary Welfare," in H. Traver and J. Vagg (eds) *Crime and Justice in Hong Kong*. Oxford: Oxford University Press, pp. 25–41.

—— (1997). "The Emergence of the Disciplinary Welfare Sanction in Hong Kong," *The Howard Journal 36*(2): 187–208.

Groves, J., Ho, W. -Y. and Siu, K. (2012). "Youth Studies and Timescapes: Insights from an Ethnographic Study of 'Young Night Drifters' in Hong Kong's Public Housing Estates," *Youth and Society 44*(4): 548–66.

Groves, J., Siu, K. and Wai-Yip, H. (2014). "The Post-80s Generation, Young Night Drifters, and the Construction of 'Generic' Youth Subjects in Hong Kong," *Journal of Youth Studies 17*(6): 829–46.

Hill, M., Lockyer, A. and Stone, F. (2007). "Introduction: The Principles and Practice of Compulsory Intervention when Children are 'At Risk' or Engage in Criminal Behaviour," in M. Hill, A. Lockyer and F. Stone (eds) *Youth Justice and Child Protection*. London: Jessica Kingsley, pp. 9–38.

Johnstone, G. (2000). "Penal Policy Making: Elitist, Populist or Participatory?" *Punishment & Society 2*(2): 161–80.

Jones, C. and Vagg, J. (2007). *Criminal Justice in Hong Kong*. New York: Routledge-Canvendish.

Lam, W. -M. (2005). "Depoliticization, Citizenship, and the Politics of Community in Hong Kong," *Citizenship Studies 9*(3): 309–22.

Lau, S. -K. (1982). *Society and Politics in Hong Kong*. Hong Kong: The Chinese University Press.

Lee, F. W. -L. (2000). "Teens of the Night: The Young Night Drifters in Hong Kong," *Youth & Society 31*(3): 363–84.

Lo, S. (2007). "The Mainlandization and Recolonization of Hong Kong: A Triumph of Convergence Over Divergence with Mainland China," J. Y. S. Cheng (ed.) *The Hong Kong Special Administrative Region in its First Decade*. Hong Kong: City University of Hong Kong Press, pp. 179–223.

Loader, I. (2006). "Fall of the 'Platonic Guardians': Liberalism, Criminology and Political Responses to Crime in England and Wales," *The British Journal of Criminology 46*(4): 561–86.

McAlinden, A. -M. (2005). "The Use of 'Shame' with Sexual Offenders," *The British Journal of Criminology 45*(3): 373–94.

McWalters, I. and Carver, A. (2009). "Independent Commission Against Corruption," in M. Gaylord, D. Gittings and H. Traver (eds) *Introduction to Crime, Law and Justice in Hong Kong*. Hong Kong: Hong Kong University Press, pp. 91–109.

Miner, M. and Munns, R. (2005). "Isolation and Normlessness: Attitudinal Comparisons of Adolescent Sex Offenders, Juvenile Offenders, and Nondelinquents," *International Journal of Offender Therapy and Comparative Criminology 49*(5): 491–504.

Miners, N. (1994). "The Transformation of the Hong Kong Legislative Council 1970–94: From Consensus to Confrontation," *Asian Journal of Public Administration 16*(2): 224–48.

Ryan, M. (1999). "Penal Policy Making Towards the Millennium: Elites and Populists: New Labour and the New Criminology," *International Journal of the Sociology of Law 27*(1):1–22.

Scott, I. (189). *Political Change and the Crisis of Legitimacy in Hong Kong*. Honolulu: University of Hawaii Press.

Shek, D. (2006). "Adolescent Developmental Issues in Hong Kong: Relevance to Positive Youth Development Problems in Hong Kong," *International Journal of Adolescent Medicine and Health 18*(3): 341–54.

Tsang, S. (2004). *A Modern History of Hong Kong*. Hong Kong; Hong Kong University Press.

Vaughan, B. (2000). "Punishment and Conditional Citizenship," *Punishment & Society 2*(1): 23–39.

Yep, R. and Lui, T. -L. (2010). "Revisiting the Golden Era of MacLehose and the Dynamics of Social Reforms," *China Information 24*(3): 249–72.